20世纪西方文化三大发现系列之一

墨菲定律

为什么会出错的事总是会出错

陈立之◎著

MURPHY'S LAW

台海出版社

图书在版编目（CIP）数据

墨菲定律 / 陈立之著. -- 5版. -- 北京：台海出版社, 2018.12（2019.11重印）

ISBN 978-7-5168-2191-6

Ⅰ. ①墨… Ⅱ. ①陈… Ⅲ. ①成功心理—通俗读物 Ⅳ. ①B848.4-49

中国版本图书馆CIP数据核字(2018)第268951号

墨菲定律

著　　者：陈立之

责任编辑：员晓博　　装帧设计：李爱雪

版式设计：尹清悦　　责任印制：蔡　旭

出版发行：台海出版社

地　　址：北京市东城区景山东街20号　　邮政编码：100009

电　　话：010—64041652（发行，邮购）

传　　真：010—84045799（总编室）

网　　址：www.taimeng.org.cn/thcbs/default.htm

E - mail：thcbs@126.com

经　　销：全国各地新华书店

印　　刷：北京柯蓝博泰印务有限公司

本书如有破损、缺页、装订错误，请与本社联系调换

开　　本：880mm×1280mm　　1/32

字　　数：80千字　　印　张：6.5

版　　次：2019年3月第1版　　印　次：2019年11月第3次印刷

书　　号：ISBN 978-7-5168-2191-6

定　　价：32.00元

引　言

Introduction

20世纪西方文化三大发现

20世纪是一个经济飞速发展、科技不断进步、思想文化跃升的时代，人类在各个领域获得了前所未有的突破性进展，探索范围之广袤，发现真相之幽微，发明成果之丰盛，远非以前任何一个时代所能比拟。

那么，在文化领域中能够称得上世纪性的大发现是什么呢？是深埋于地下的远古文明的重见天日？是始终难见“庐山真面目”的外星人在地球上留下的神秘印迹？是突然间跳出来的某门高深莫测、天马行空、玄而又玄的奇谈玄学？

答案出乎你想象！它们既不是什么远古文明，也不是什么外星文明，更不是什么神奇玄学，而是几个“貌不惊人”、看似平常不过却又威力巨大的定律、原理。

它们就是墨菲定律、帕金森定律和彼得原理，三者并称为“20世纪西方文化三大发现”。

墨菲定律指出：会出错的，终将会出错。墨菲定律触及了每个人人性深处存在的隐痛，第一次将人们不愿意面对的事实曝光于大众之下。它忠告人们：面对人类的自身缺陷，我们最好还是想得更周到、全面一些，采取多种预防和保险措施，防止偶然发生的人为失误导致的灾难和损失。归根到底，“错误”与我们一样，都是这个世界的一部分，狂妄自大只会使我们自讨苦吃，畏惧失误让我们无法突破自我、获得新生，我们必须学会如何接受错误，并不断从中学习成功的经验。

帕金森定律告诉我们这样一个道理：不称职的行政官员一旦占据领导岗位，庞杂的机构和过多的冗员便不可避免，庸人占据着高位的现象也不可避免，整个行政管理系统就会形成恶性膨胀，陷入难以自拔的泥潭。帕金森定律是对官僚机构流弊的辛辣针砭，在人类历史上，它对由于行政权力扩张引发人浮于事、效率低下的“官场传染病”做了第一次大胆的、无情的揭露和抨击。帕金森定律是官僚主义或官僚主义现象的一种别称，常常被人们转载传诵，用来解释形形色色的“官场病”。

彼得原理揭示了长久以来存在于组织中被人们所漠视的人员任用的陷阱，发掘出了组织中管理混乱、庸人当道、人浮于事的深层根源。彼得原理警示我们：将一名员工晋升到一个无法很好发挥才能的岗位，不仅不是对本人的奖励，反而使其无法很好发挥才能，也给组织带来损失。彼得对彼得原理的诠释，成为20世纪以来最具洞察力的社会、心理领域的创见。

墨菲定律、帕金森定律和彼得原理的发现和提出，在人类历史上具有开创性的意义，是人类文化史上的三座突兀醒目的里程碑。它们或是揭示了人们思想认识上的盲区，为人们战胜自己、战胜挫败指明了路径，或是点破了东西方各界、各行、各级行政组织和企业治理中沿袭已久、根深蒂固的效率低下的弊病，为组织医治人事顽症、革新工作局面开出了秘方。如今，三大定律经过人们的发扬光大，正越来越显示着其强大的效力，成千上万的人们借助它们改变了自己的命运，不可胜计的组织和公司应用它们走出了困境、焕发了活力，呈现欣欣向荣的辉煌景象。

三大定律是发现者们献给20世纪的三份厚礼，对于当时和现下都具有重要的警示、借鉴和指导意义。重新认识和了解这三大定律不仅是时代的需要，也是个人走向成功的必修课。鉴于此，我们组织专门人员广采博集、详尽考证、精心撰写，同时结合现实和时代发展趋势，将每个定律编撰成书，系统、全面解读了每一定律及与其息息相关的其他定律的内涵、现实指导意义及运用方法。本套丛书内容丰富，解读精辟，观点新颖，是读懂三大定律的理想读本。

此次我们将这三大定律合集，冠名“20世纪西方文化三大发现系列”出版，期望能给广大读者认识、了解、掌握、应用它们提供一把方便入门的钥匙，由此登堂入室，领悟三大定律的真谛，从而有所体会，有所收获，借此澄清思想和认识上的误区，突破生活、人际、学习、工作、事业等方面的困境，为人生注入新鲜的血液和强劲的动力，开创崭新广阔的人生新格局！

前　言

Preface

破解"越担心越有可能发生"的魔咒

墨菲定律源于一个偶然的实验。美国爱德华兹空军基地的上尉工程师1949年参加了美国空军进行的MX981实验。在实验过程中，他发现竟然有人有条不紊地将16个加速度计全部装在错误的位置。

墨菲由此受到启发，结合平时的观察研究，他提出了他著名的论断：如果一件事情有可能出错，就一定会出错。在事后的一次记者招待会上，墨菲的上司斯塔普将其称为"墨菲定律"，并以极为简洁的方式作了重新表述：凡事可能出岔子，就一定会出岔子。墨菲定律从此在美国技术界不胫而走，并迅速流传开来，扩散到世界各地，进而演变为各种各样的形式。

墨菲定律最简单的表述是：越怕出事，越会出事。如果有两种或以上选择，其中一种将导致灾难，则必定有人会做出这种选择。其核心内容是：如果事情有变坏的可能，则不管这种可能性有多少，它都必将会发生。

墨菲定律是日常生活中普遍存在的一种心理学效应，它和帕金森定律、彼得原理并称为“20世纪西方文化的三大发现”。

墨菲定律所揭示的并不是什么个别的案例，而是生活中普遍存在的一种现象。只要我们留心观察，随时随地都可以发现墨菲定律的影子——

排队时自己排的那一队总是最慢；

越着急过马路时越是红灯；

烧火时烟总是往你站的方向飘；

越担心出岔子的事，越出岔子；

……

我们老话说的“福无双降，祸不单行”“人生不如意事十之八九”“怕什么来什么”“人倒霉时喝凉水也会塞牙”，往往说的也是这个道理。

墨菲定律揭示了一种独特的社会及自然现象，从被发现的那天起，它就被证明是对事情出错的最好解释。它告诉我们，容易犯错是人类与生俱来的弱点，不论科技多发达，错误都会发生。而且我们解决问题的手段越高明，面临的麻烦就越严重。

墨菲定律自问世以后，像个神秘的幽灵一样，一直搅得人们心神不宁，很多人都有一种战战兢兢、如履薄冰的感觉，唯恐什么时候问题和事故会突然降临。有一种观点说：过分担忧是一种诅咒。看墨菲定律，为什么越担心的事越容易发生？如果你不停地想负面的、不好的信息，你产生的这种频率会传递给大脑，让自己心绪不宁，心乱如麻，潜意识会向坏结果靠拢，导致一系列连锁反应，坏事情真的就有可能发生。墨菲定律就是这样时不时捉弄人们，让人们啼笑皆非，无可奈何。

墨菲定律究竟有着什么样的魔力？它是如何影响我们的生活、情感和工作的？有没有破解和应对的策略和途径？本书通过一系列生动直观的现象描述和心理剖析，层层深入揭示了墨菲定律发生作用的内外条件和根源所在，揭开了墨菲定律的神秘面纱，还原其本来面目。对墨菲定律的各种变体、衍生定律以及与墨菲定律有内在联系的其他重要定律、法则，本书也一并予以收录并进行详尽细腻的解析和点评。全书既有案例讲解，也有观点剖析，更有方法解析，极具现实警示和指导意义，不仅能启发读者在阅读中多一分清醒，多一分智慧，还能促进读者提升自己对假象和错误的警惕性和免疫力，让墨菲定律成为自己更好的思想磨刀石和行为指南针。

墨菲定律是一种客观存在，弱者把它作为失败的借口，而强者则把它作为警钟。墨菲定律并不可怕，只要我们能科学理解，积极对待，我们就一定能够战胜墨菲定律带来的负面影响，打破墨菲定律的魔咒，始终保持快乐成功的心态，拥有心想事成的人生！

目 录

Contents

第1章

墨菲定律：可能出错的终将会出错

墨菲定律由美国工程师爱德华·墨菲提出，指如果坏事情有可能发生，不管这种可能性多么小，它总会发生，并引起最大可能的损失。

墨菲定律并不是一种强调人为错误的概率性定律，而是阐述了一种偶然中的必然性。它告诉我们，错误虽是世界的一部分，人类不得不接受与错误共生的命运，但只要我们能够正视错误，懂得从错误中汲取教训，就可以获得成功。

直觉魔咒：怕什么来什么

在我们的日常生活中，墨菲定律的身影随处可见。

比如：在交际中，你越是不想见到某人，跟某人相遇的机会越会增加；如果你不小心把一片刚刚涂好果酱的面包掉在了新买来的地毯上，结果往往是与你所祈祷的相反——总是有果酱的那面朝下；早上上班起床的时候，怕把孩子吵醒，你一再注意，结果孩子还是叫住你；在街上准备拦一辆车去赴一个时间紧迫的约会，但你会发现街上所有的计程车不是有客就是根本不搭理你，而你不需要计程车的时候，却发现有很多空车在你周围游弋，那司机随时会待你的手一扬停到你面前。

只要细心观察，有很多事情和墨菲定律有着密不可分的联系。

心理学家和社会学家们经过研究证实，墨菲定律所揭示的现象和人类的直觉往往如出一辙。“这件事十有八九会出错”“感觉上有什么不对劲”……结果不幸被言中，事情常常如我们直觉所预测的一样。

1983年9月，洛杉矶的盖蒂博物馆得知，一位艺术品经纪人手上有一座大理石“青年立像”，该立像据说出土于希腊，创作于公元前6世纪，保存得非常完好，可谓稀世珍宝。

但博物馆的工作人员面临着一个严肃的问题：这座雕像是真是假？博物馆组织专家展开了非常谨慎的调查工作，还专门聘请地质学家用高科技技术检验石材的年代。

经过长达14个月的调查后，博物馆实在没有找到证据证明雕像是赝品，因此高价购入。雕像入驻博物馆后，许多世界顶级的古文物专家慕名前来参观，但就在看到这座雕像后，他们都认为不是真品。这些专家并没有进行详细的检验，他们只是在看第一眼的一刹那，就感觉哪里不对，可又说不清问题究竟在哪里。

一位古希腊雕塑专家说，他看到雕像的第一眼感觉就是："它很新鲜，一点儿都不像在地下埋了几千年的。"还有一位博物馆馆长说："感觉这个雕像从未在地下埋过，很奇怪。"博物馆面对众多专家的怀疑也动摇了，于是又组织专家进行深入调查并翻阅相关文献，结果发现这些专家的"感觉不对"是正确的。

专家们和那位博物馆馆长的直觉验证了"墨菲定律"——人们觉得可能出错的地方，就一定会出错，在技术上很难分清真品和赝品的东西，在感觉上却分辨出来了。所以，在日常生活和工作中，我们的感觉是灵敏的，而且有时是正确的，我们要相信自己的直觉，做好准备，只有这样我们才能防止失误和损失的发生。

不怕犯错，跳出完美主义陷阱

众所周知，人类即使再聪明也不可能保证自己一点错误都不犯，把所有的事情都做到完美无缺。正如所有的程序员都不敢保证自己在写程序时不会出现错误一样，犯错误是人类与生俱来的弱点。这也是墨菲定律一个很重要的体现。

生活中，很多人追求完美，害怕犯错误，不允许犯错误，有些人为了追求完美这虚无缥缈的东西而走火入魔。完美主义到了一种极端的状态是非常可怕的，认为任何东西不能存在不完美，不能有任何瑕疵，必须要完美无缺不可。

完美主义的问题正是在于“害怕犯错”“恐惧缺憾”，害怕令人失望从而避免感到内疚，因此也是一种心理疾病。

玛丽一直是一个追求完美的人：工作做得得心应手，一路高升；与上下级相处融洽，在纷繁的人事关系中游刃有余；生活中的大事小事，事前会做出合理安排，不出差错；多年来一直保持苗条身材，体重上下幅度精确到500克……

可玛丽在准备与人约会的时候却出了问题，她用两个多小时去做发型、精心化妆和仔细挑选衣服，但始终觉得不满意，最后沮丧地取消了约会，谁也没见。

像玛丽这样就属于典型的一种病了。耶鲁大学心理学教授高兰·沙哈博士说：“这是一种‘流行病’，我们所处的社会对人们提出的要求就是不断做出成绩。”这些完美主义者们即使事情最终成功地完成，也还是不会快乐，他们更在乎的是：“那又怎么样呢？”“接下来的事情能成功吗？”这些人总是对自己提出很高要求。久而久之，便会积郁成疾。

完美主义者不管对人还是对事，都高标准、严要求，力争尽善尽美。心理学将完美主义者分为三种类型：

一是“要求他人”型，为别人设下高标准，不允许别人犯错误，这类人往往人际关系糟糕，婚姻一般会遭遇失败。

二是“要求自我”型，给自己设下高标准，而且追求完美的动力完全是出于自己，这类人容易陷入自我批判和情绪沮丧之中。

三是“被人要求”型，总感觉别人对自己有更高的期望，于是为之不断努力，这类人则容易陷入忧郁，甚至会产生自杀的想法。

心理学家的治疗方法之一，是让患者换一种新的思路，即尝试不完美。比如一位女性，她总是苛求自己在角色中做得更好些。于是，心理学家便告诉她，每天工作的时间不要超过下午5点，而以前她会一直工作到7点。不用天天都在家里吃自己做的饭，可以固定安排一顿晚饭在外面吃。慢慢地，她便会有所改变。

人，有优点也有缺点。做事，有做对的时候也有出错的时候。在这个世界上，没有人能够做到完美。我们至多能做到接近完美，或更接近完美。

生活就是这样，不可能事事如意，不可能一帆风顺。我们也没有必要害怕犯错，追求完美无缺。我们要追求的是适应和驾驭生活的能力，就像我们在大海上，要做的是适应和驾驭那条摇摇晃晃的船。我们没有办法祈求上天给我们一个完美的生活，但我们可以依靠自己减少人生中的失误，让人生趋于完美。

欧洲文艺复兴时期的先驱但丁曾说，尽心就意味着完美。在做任何一件事情时，只要我们抱着“没有最好，但有更好”的态度，用心去做事就可以了。对于那些错误和缺憾，我们只要把它当作教训，引以为戒，并以此来激发下一步的行动，完全不必把它过于放在心上。

想打中，先要有打不中的准备

在生活和工作中，出现错误和遭遇失败在所难免。

想取得成功，我们不能存有侥幸心理，想方设法回避错误，而是要正视错误，从错误中汲取经验、吸取教训，让错误成为我们成功的垫脚石。

关于这一点，丹麦物理学家雅各布·博尔就是最好的证明。

一次，雅各布·博尔不小心打碎了一个花瓶，但他没有像一般人那样一味悲伤叹惋，而是俯身精心地收集起了满地的碎片。

他把这些碎片按大小分类称出重量，结果发现：10~100克的最少，1~10克的稍多，0.1克和0.1克以下的最多；同时，这些碎片的重量之间表现为统一的倍数关系，即较大块的重量是次大块重量的16倍，次大块的重量是小块重量的16倍，小块的重量是小碎片重量的16倍……

于是，他开始利用这个“碎花瓶理论”来恢复文物、陨石等不知其原貌的物体，给考古学和天体研究带来意想不到的作用。

事实上，我们主要是从尝试和失败中学习，而不是从正确中学习。例如，超级油轮卡迪兹号在法国西北部的布列塔尼沿岸爆炸后，成千上万吨的石油污染了整个海面及沿岸，于是石油公司才对石油运输的许多安全设施重加考虑。还有，在三里岛核反应堆发生意外后，许多核反应过程和安全设施都改变了。

可见，错误具有冲击性，可以引导人想出更多细节上的事情，只有多犯错，人们才会多进步。假如你工作的例行性极高，你犯的错误就可能很少，但是如果你从未做过此事，或正在做新的尝试，那么发生错误在所难免。发明家不仅不会被错误所击倒，而且会从中得到新创意。在创意萌芽阶段，错误是创造性思考必要的副产品。正如耶垂斯基所言：“假如你想打中，先要有打不中的准备。”

现实生活中，每当出现错误时，我们通常的反应都是：

“真是的，又错了，真是倒霉啊！”这就是因为我们以为自己可以逃避“倒霉”“失败”等，总是对自己心存侥幸。殊不知，错误的潜在价值对创造性思考具有很大的作用。

人类社会的发明史上，就充满了利用错误假设和失败观念来产生新创意的人。哥伦布以为他发现了一条到印度的捷径，结果却发现了新大陆；开普勒偶然间得到行星间引力的概念，却是由错误的理由得到的；爱迪生也是知道了上万种不能做灯丝的材料后，才找到了钨丝……

所以，想迎接成功，先放下你的侥幸心理，加强你的“冒险”力量。遇到失败，从中汲取经验，尝试寻找新的思路、新的方法。

迷路不可怕，可怕的是没有探路的心

有一个年轻人，从很小的时候起就有一个梦想，希望自己能够成为一名出色的赛车手。后来他参加了在威斯康星州的赛车比赛。赛程进行到一半多的时候，他的赛车位列第三，很有希望获得好名次。

突然，他前面的两辆赛车相撞，他迅速转动方向盘试图避开他们，终因车速太快未能成功。他撞到车道旁的墙壁上，被救出来时，手已经烧焦，鼻子也不在了。尽管他的性命保住了，可他的手萎缩得像鸡爪一样。医生告诉他："以后，你再也不能开车了。"但他并没有灰心绝望。为了实现那个久远的梦想，他决心再一次付出努力。他接受了一系列植皮手术，不停地练习手的灵活性。他始终坚信自己的能力，并继续练习赛车。

仅仅9个月之后，他就重返了赛场，取得了第二名的成绩。又过了两个月，他赢得了250英里比赛的冠军。他，就是美国颇具传奇色彩的伟大赛车手——吉米·哈里波斯。

当他第一次以冠军的姿态面对热情而疯狂的观众时，吉米流下了激动的眼泪。记者问他："你在遭受了那次沉重的打击之后，是什么力量使你重新振作起来的呢?"

吉米手中拿着一张此次比赛的招贴图片，微笑着用黑色的水笔在图上写了一句话：把失败写在背面，我相信自己一定能成功!

巨大的挫折可能会改变我们的生命轨迹，阻碍我们去奋斗、去成功。哈里波斯却坚持原来的梦想，用一次次失败激励自己不要放弃。他深信，失败是成功的背面，终有一天自己能把它翻过来。我们每个人都不要害怕失败，我们都有能力把失败的背面翻过来，看见成功。

没有天生的傻瓜，同样没有天生的失败者和成功者。成功者之所以成功，是因为有一颗可贵的好奇心，不断尝试失败和错误，不断超越它们，直至达到成功。

疑问是打开知识大门的钥匙，错误是正确的先导，失败是通向成功的阶梯。提出了正确的问题，往往等于解决了问题的大半。正视错误，才能纠正错误；不怕失败，才能化失败为成功。

生活中我们不要害怕迷路，可怕的是，没有探路的心。失败并不可怕，只要我们怀着一颗不服输的心，勇往直前，那么胜利将不会离我们太远。只要厄运打不垮信念，希望之光就会驱散绝望之云。

错误是进步之父，失败是成功之母

失败者与成功者的区别不是在于他们失败的次数多寡，而是在于他们对待失败所表现的不同态度和作为。

美国考皮尔公司前总裁比伦提出，失败也是一种机会。若是你在一年中不曾有过失败的经历，你就未曾有勇于尝试各种应该把握的机会。

全球知名的宝洁公司有这样一个规定：如果员工三个月没有犯错误，就会被视为不合格员工。对此，董事长的解释是：只有什么也没干的员工才不会犯错误。

伟大的成功总是伴随着伟大的失败。数学家习惯称失败为“或然率”，科学家则称之为“实验”，我们可以称它为“经验”，从经验中学习，也意味着从错误中学习。因为如果没有前面一次又一次的失败，哪有后面的成功。

海明威说："一个人可以被摧毁，但不能被击败。"成与败是常有的事，不能因一次失败就放弃你原来决心达到的目标，同样也不能因一次成功而沾沾自喜，裹足不前。不要害怕失败，将失败当成一笔财富，积累越多，成功越有价值。

成功没有一定法则可依循，不过你却能够从失败中学习到许多心得。像沙克博士发明了对抗脊髓灰质炎的沙克疫苗，现在其所建立的沙克生物研究中心则致力于研究艾滋病（HIV）病毒疫苗。他说他百分之九十八的时间是用来记录失败的实验。

而必胜客的创始人卡纳利也承认，必胜客的成功要归因于他从错误中学得经验。在俄克拉荷马的分店失败后，他学会了店面装潢的重要性；在纽约的销售失败后，他研发出了另一种硬皮的比萨饼。当地方风味的比萨饼在市场出现后，他又向大众介绍芝加哥风味的比萨饼。

汽车大王亨利·福特成功之前，因经商失败过两次，也曾破产过，他却说："其实，失败只是提供更明智的起步机会。"失败只不过是让我们有更聪明的开始而已。

美国管理学家彼得·杜拉克认为，无论是谁，做什么工作，都是在尝试错误中学会的，经历的错误越多，人越能进步，这是因为他能从中学到许多经验。杜拉克甚至认为，没有犯过错误的人，绝不能将他升为主管。日本企业家本田先生也说："很多人都梦想成功。可是我认为，只有经过反复的失败和反思，才会达到成功。"实际上，成功只代表你努力的1%，它只能是另外99%的被称为失败的东西的结晶。

伟大的失败与出色的成功一样有价值。

松下幸之助有句名言，他说：“每一次失败都是我弥补某种不足的一次机会。”每失败一次，就离成功更近了些。

发明大王爱迪生也说：“我才不会沮丧，因为每一次错误的尝试都会把我往前更推进一步。”当他还不知道什么是正确时，最少他已经学习到什么是错误的。

在我们的人生旅途中，机会无处不在。但机会又是稍纵即逝的，你不可能在做好所有的准备后再去把握。这就要求我们有一种试错精神。即使最后证明自己错了，也不会后悔。因为你把握了机会，而且至少知道了你先前把握机会的方式是行不通的。

自省是治愈错误的一剂良药

自省，简而言之就是自我反省，自我检查，以能“自知己短”，从而弥补短处，纠正过失。

力求上进的人都是重视自省的。因为他们知道，自省是认识自己、改正错误、提高自己的有效途径，自省使人格不断趋于完善，让人走向成熟。孔子的学生曾参说，他每天反复检查自己：替人办事有未曾尽心竭力之处吗？与朋友交往有未能诚实相待之时吗？对老师传授的学业有尚未认真温习的部分吗？

他就是这样天天自省，长处继续发扬，不足之处及时改正，最终成为学识渊博、品德高尚的贤人。

自省是道德完善的重要方法，是治愈错误的良药，它能给我们混沌的心灵带来一缕光芒。在我们迷路时，在我们掉进了罪恶的陷阱时，在我们的灵魂遭到扭曲时，在我们自以为是沾沾自喜时，自省就像一道清泉，将思想里的浅薄、浮躁、消沉、阴险、自满、狂傲等污垢涤荡干净，重现清新、昂扬、雄浑和高雅的旋律，让生命重放异彩，生气勃勃。

自省的主要目的是找出过失及时纠正，所以自省绝不可以陶醉于成绩，更不可以文过饰非。

"静坐常思己过"，以安静的心境自查自省，才能克服意气情感的干扰，发现自己的本来面目，捕捉到平时还自以为是的过失。

只有善于发现并且敢于承认自己的过失，才可以进一步纠正过失。我们常常看不到自己的短处，很多缺点都是通过旁人的指出才知道。这就要求我们有一颗平常心来对待别人善意的规劝和指责，反省自己的过失。俗话说"忠言逆耳利于行"，那些逆耳忠言常常能照亮我们不易察觉的另一面。

自省是做人的责任，人只有透过自我内省才能发现自身的缺点和错误，进而改正缺点，纠正错误，实现人格的升华。

自省是一次自我解剖的痛苦过程。它就像一个人拿起刀亲手割掉身上的毒瘤，需要巨大的勇气。认识到自己的错误或许不难，但要用一颗坦诚的心灵去面对它，却不是一件容易的事。懂得自省，是大智；敢于自省，则是大勇。割毒瘤可能会有难忍的疼痛，也会留下疤痕，但它却是根除病毒的唯一方法。只要“坦荡胸怀对日月”，心地光明磊落，自省的勇气就会倍增。古人云：“君子之过也，如日月之食焉。过也，人皆见之；更也，人皆仰之。”这句话的意思是：君子的过错就像日食和月食，人人都看得见，但是改过之后，会得到人们更崇高的尊敬。

用自信激发潜能，摘取命运奖杯

在2008年北京奥运会男子50米步枪三姿决赛赛场出现了戏剧性一幕，在决赛最后一枪前处于绝对领先优势的埃蒙斯，最后一枪仅打出了4.4环，令人难以置信。而原本排在第二位的乌克兰选手尤里·苏霍鲁科夫最后一环打出了9.8环。这样，原本排在第三位的邱健以最后一枪10.0环奇迹般地上演逆转，延续“雅典神话”，以0.1环的微弱领先优势获得金牌。

决赛开始前，预赛成绩埃蒙斯排名第二，而邱健排名第四。

决赛第一枪，预赛排名第一的拉伊蒙德·德贝韦茨仅打出了7.7环，埃蒙斯打出9.7环超越对手成为首位。此后，埃蒙斯一直牢牢处于第一位的领先位置，在第9枪结束后，埃蒙斯领先第二名选手近4环排名首位，邱健以落后第二位的乌克兰选手0.1

环排在第三位。

最后一枪，邱健打出了10.0环，乌克兰选手打出9.8环，而埃蒙斯出现了令人难以置信的4.4环。这样，我国选手邱健获得了金牌。

在日常生活中，有些人名列前茅，实力雄厚，赛场失误的唯一解释只能是心理素质问题，主要原因是得失心过重和自信心不足。有些人平时战绩出众，众星捧月，造成一种心理定式：只能成功不能失败。再加上赛场的特殊性，社会、国家、家庭等方面的厚望使得其患得患失的心理加剧，心理包袱过重，如此强烈的心理得失困扰自己，怎么能够发挥出应有的水平呢！另一方面是缺乏自信心，产生怯场心理，束缚了自己潜能的发挥。

赛后邱健接受了记者的采访。在被问及打最后一枪前如何控制心理状态时，邱健说："我经历了数年的心理控制训练，我们知道在高度紧张的环境中心跳会加快，但我知道如何在这样的情况下保持平静，例如深呼吸，不要想比赛结果。"

谈到戏剧性的结局时，邱健说："我不知道发生了什么。听到观众欢呼时，我感觉我可能得了银牌，但我的教练告诉我得了金牌。"

谈到自己的幸运时，邱健说："我们都很努力，金牌属于我是因为美国的埃蒙斯最后一秒时没有保持平静，但我保持了平静。"

正是由于在关键时刻能够平静地控制自己的心态，保持高度的自信，邱健在历经17年的努力后，终于站到了最高领奖台上。

毫无疑问，自信能够让我们在人生的竞技场上发挥出最好的水平。反之，缺乏自信常常让很多优秀的人在关键的时刻迷失了自我。

自信就是在自我评价上的积极态度。自信的人勇敢，勇于面对生活中的困难和挫折；对新事物采取积极开放的态度；虚心，能够接受批评，坦然承认错误；言行一致，言谈举止表现自如。

自信能够为你带来巨大的力量，推动你从错误走向进步，从失败走向成功。

第2章

特里法则：承认错误比拒绝错误更伟大

特里法则是由美国田纳西银行前总经理L.特里提出的。它的意思是，承认错误是一个人最大的力量源泉，因为正视错误的人将得到错误以外的东西。

特里法则告诉我们，错误虽是世界的一部分，人类不得不接受与错误共生的命运，但只要我们能够正视错误，懂得从错误中汲取经验、吸取教训，就可以获得成功。

正视错误：进步的力量源泉和基石

“特里法则”主要讲了两个含义：一是“承认错误是一个人的最大力量源泉”；二是“正视错误的人将得到错误以外的东西”。核心意义就是敢于认错本身是具有很大价值的。

主要从以下几方面来理解：

第一，以端正的态度来面对错误并努力改正，是人类不断进步的力量源泉和基石。

人的进步就是在不断地克服困难改正错误中前行的，前进的动力也是在不断地改正一个又一个所犯下错误的基础上获得的，所以只有态度端正的人才有可能总结经验教训，才有可能改正错误重新迈向成功之路。

第二，努力克服人性弱点，正确认识承认错误与“丢面子”之间的辩证关系。

有的人总以为承认自己错了是件很丢面子的事，其实事情并非如此。如果能坦诚面对和承认自己的缺点和错误，不仅能弥补错误所带来的不良后果，而且能加深他人对你的良好印象，从而很痛快地原谅你的错误，这不但不会失面子，反是最大限度地得到了面子。

如果你有错的话，就勇于认错吧。这是维护你的面子的好时机。

第三，敢于承认错误是避免再次犯错的重要前提。

不敢于认错的结果会走向反面，就是会想方设法地掩饰错误，以后遇到同样的问题不是回避就是还像以前一样犯错，进而很容易导致一错再错地重复原来的错误。

第四，好好把握每一次犯错误的机会，认真总结，力争不再犯重复性错误。

犯一次错误也是一次学习的机会，只不过是反面教材而已。所谓的天才并不是不犯错误，而是错误从不犯第二次。古人讲的“不贰过”即是如此，错误不犯第二次就是圣人。我们大都是普通人，之所以普通，也是遇到错误就经常一犯再犯，又何止“贰过”能止？摔倒了一次，就爬起来，再摔倒了，就再爬起来又如何？百炼方能成钢！领导者因为犯错而被降职或解聘，跟是否承认错误完全是两码事。不承认错误也许不会降职，但不敢于认错就意味着犯了一个更大的错误，那后果也可想而知。

“特里法则”启示我们：错误不可避免，越是害怕出错，越是回避错误，越容易犯错，勇于面对错误、正视错误才是我们应有的正确的态度。接受错误，可以让我们从错误中吸取教训，总结经验，变得更加成熟、明智，从而少犯错误，少走弯路，更稳、更快地走向成功。

改正错误是走向正确的第一步

歌德曾说过："最大的幸福在于我们的缺点得到纠正和我们的错误得到补救。"

当问题发生时，应首先寻找解决的方法，而不是找替罪羊。改正错误是走向正确的第一步。如果一味地遮掩、回避，只会使错误越犯越多，带来更多的损失。正视错误，往往会得到错误以外的东西。

吃五谷生百病。人不是神，总有自己的缺点，谁都难免会犯一些错误。当我们犯错误的时候，脑子里往往会出现想隐瞒错误的想法，害怕承认之后会很没面子。其实，承认错误并不是什么丢脸的事。反之，在某种意义上，它还是一种具有"英雄色彩"的行为。

因为错误承认得越及时，就越容易得到改正和补救。而且，由自己主动认错也比别人提出批评后再认错更能得到别人的谅解。更何况一次错误并不会毁掉你今后的道路，真正阻碍你的是那不愿承担责任、不愿改正错误的态度。

新墨西哥州的布鲁士·哈威，错误地核准付给一位请病假的员工全薪。在他发现这项错误之后，就告诉这位员工并且解释说必须纠正这项错误，他要在下次薪水支票中减去多付的薪水金额。这位员工说这样做会给他带来严重的财务问题，因此请求分期扣回多领的薪水。但这样一来，哈威必须先获得他上级的核准。“我知道这样做，”哈威说，“一定会使老板大为不满。在我考虑如何以更好的方式来处理这种状况的时候，我了解到这一切的混乱都是我的错误，我必须在老板面前承认。”

于是，哈威找到老板，说了详情并承认了错误。老板听后大发脾气，先是指责人事部门和会计部门的疏忽，后又责怪办公室的另外两个同事。这期间，哈威反复解释说这是他的错误，不关别人的事。最后老板看着他说：“好吧，这是你的错误。现在把这个问题解决吧。”这项错误改正过来，没有给任何人带来麻烦。自那以后，老板更加看重哈威了。

勇于承认错误，使哈威获得了老板的信任。其实，一个人有勇气承认自己的错误，也可以使自身在良心层面如释重负，并且尽早解决由这项错误所带来的问题。

知错能改，对自己狠一点离成功近一点

人非圣贤，孰能无过；知错能改，善莫大焉。人不怕犯错误，可怕的是一辈子做错事。犯了错误如果能及时悔悟，及时改正，对自己今后的发展会起到很大的作用。

《世说新语》中有则周处知错就改的故事：

周处年轻时，为人蛮横强悍，任侠使气，是当地一大祸害。义兴的河中有条蛟龙，山上有只白额虎，一起祸害百姓。义兴的百姓称他们是三大祸害，三害当中周处最为厉害。有人劝说周处去杀死猛虎和蛟龙，实际上是希望三个祸害相互拼杀后只剩下一个。周处立即杀死了老虎，又下河斩杀蛟龙。蛟龙在水里有时浮起有时沉没，漂游了几十里远，周处始终同蛟龙一起搏斗。

经过了三天三夜，当地的百姓们都认为周处已经死了，轮流着对此表示庆贺。结果周处杀死了蛟龙从水中出来了。他听说乡里人以为自己已死而对此庆贺的事情，才知道大家实际上也把自己当作一大祸害。于是，周处有了悔改的心意。他到吴郡去找陆机和陆云两位有修养的名人。当时陆机不在，只见到了陆云，他就把全部情况告诉了陆云，并说："自己想要改正错误，可是岁月已经荒废了，怕终于没有什么成就。"陆云说："古人珍视道义，认为'哪怕是早晨明白了道理，晚上就死去也甘心'，况且你的前途还是有希望的。再说人就怕立不下志向，只要能立志，又何必担忧好名声不能传扬呢？"周处听后就改过自新，终于成为一名忠臣。

周处能够改过自新，对他今后的发展起到了很大的作用，成为一名忠臣。我们都知道"金无足赤，人无完人"，每个人都会或多或少犯错误，犯了错误，首要任务不是隐瞒，因为纸是包不住火的，迟早会被人知道，关键是要找到原因，更多的要找自身原因。

作为个人，常常会因为不愿意承认自己的错误，从而影响了职业生涯发展。

一个人犯了错不可怕，怕的是犯了错后不敢承认错误，寻找借口掩饰错误。而越是不敢承认错误，内心越是害怕犯错，心理压力也越来越大。只有正视错误，把自己所犯的错误说出来，你的心理压力才能大大降低，就会有一种如释重负的感觉，就能以轻松的心境面对人生中的种种错误。犯错误难免，只要立即认错，果断纠正，就可以获得大家的认同，就能获得不断的进步。就怕嘴上认错，行动不改，或不情愿改，或没当回事，忘了改，最后倒霉的还是你自己，你会在错误的道路上接连不断地摔跟头，摔得头破血流。

以错误为师，化错误为成长的契机

一个人犯了错误并不可怕，关键在于你用怎样的心态去对待错误。如果你想成为一个优秀的人，勇于承认错误是最明智的做法。人们都愿意和敢于承担责任的人交往，如果你做到了这一点，就会赢得他人对你的信任。

对于一个组织或企业也同样如此，承认错误和失败，企业可以避免更大的市场损失，可以重新调整自己的市场策略，也就可以重新取得雄霸市场的机会。

2001年11月17日，TCL总裁李东生在“企业家理论与企业成长国际研讨会”上反思TCL六年成长中的“两大失误、五大不足”。两大失误是指多元化准备不足，战线拉得过长，真正形成有竞争力的行业不多；国内通信产业的发展机遇没有抓住。五大明显不足分别是综合规模实力不足、研发能力不足、国际经营管理经验不足、营销能力不足、企业体制不足。

但是，事隔不到两年，我们就看到，在中国通信市场上，TCL已经成为中国移动通信制造商中位居前列的本土企业。这靠的是什么？就是勇于承认自己的错误并对症下药。

再看看世界那些百年企业的发展历史，它们没有一个没有经历过失败，重要的是它们都能够从失败中重新站起来。2001年，沃尔玛首次位列世界500强榜首。但据德国《商报》2002年3月报道，这个世界最大的连锁商进入德国市场四年来却连遭败绩，不仅损失超过1亿美元，而且它在财务上遮遮掩掩的做法，无法蒙混过德国法律这一关，它将不得不对外公开2000年和2001年两年度的财务情况。沃尔玛在德国拥有17万名职工，设有95家分店，但是，沃尔玛并没有因为在德国的受挫而灰心丧气，而是勇敢承认错误，采取整顿措施，在德国市场上再搏一次，后来终于取得了成功。

肯德基是个成功的企业。殊不知肯德基在进军中国香港时也经历过惨重的失败。1973年肯德基将目光瞄准了香港，同年6月，第一家肯德基店在香港开业，1974年数量已达到11家。

声势浩大的广告宣传，加上独特的烹调方法和配方，使得顾客们都很乐于一试，可以说肯德基在香港前途光明。但是，到了1974年9月，肯德基公司突然主动宣布多家快餐店停业，到1975年2月，首批进入香港的肯德基全军覆没，纷纷停业关门。肯德基承认了贸然进入香港市场的策略是失败的。

并不是失败了，就不能成功。正是因为勇于承认失败和错误，它们才能历经百年而不倒。达尔文曾经说过："任何改正都是进步。"敢于承认错误，吸取教训，才能以崭新的面貌去迎接更加激烈的竞争和挑战！

放下面子，敢作敢当，勇揽责任

现在有不少领导者把承认错误视为有弱点的象征、失败的承认和不正确的暴露。他们认为承认错误会使他们难堪，他们担心承认错误会使自己在下属的眼中丧失威信。因顾及面子，他们通常会采取隐瞒的错误做法，但这个错误会影响到公司全局的发展。

其实，对于领导者来说，只有把自己所犯的错误说出来，才能意识到自己所犯的错误带来的影响，才能承担起自己应有的责任，才能减少或者避免企业少走弯路。

坦率承认错误不仅有益于完善领导者的心灵，这种勇气也会使领导者备受员工的尊重。勇于承认错误才是明智的选择。

在营救驻伊朗的美国大使馆人质的作战计划失败后，当时的美国总统吉米·卡特即在电视里郑重声明："一切责任在我。"仅仅因为上面那句话，卡特总统的支持率骤然上升了10%以上。民众对一个领袖的评价，往往决定于他是否有责任感。主动道歉，勇于承担责任，不仅使卡特获得民众的谅解，还会让民众对他更为敬重。

卡特总统的例子说明：下属对一个领导的评价，往往取决于他是否有责任感，勇于承担责任不仅使下属有安全感，而且也会使下属进行反思，反思过后会发现自己的缺陷，从而在大家面前主动道歉，并承担责任。

做下属的最担心的就是做错事，特别是花了很多精力又出了错，而在这个时候，领导来了句"一切责任在我"，那这个下属又会是何种心境？

领导这样做，表面上看是把责任揽在了自己身上，使自己成为受谴责的对象，实质上不过是把下属的责任提到上级领导身上，从而使问题解决起来容易一些。假如你是个中级领导，你为你的下属承担了责任，那么你的上司是否也会反思，他也有某些责任呢？一旦公司里上行下效，形成勇于承担责任的风气，便会杜绝互相推诿，上下不团结的局面，使公司有更强的凝聚力，从而更有竞争力。

下属对领导者的评价，往往要看领导是否有责任感，是否勇于承认错误。如果领导者有这样的品质，那么不仅会使下属有安全感，而且也会带动下属多反思自己的错误，从而增强下属的责任感。

每天进步1%，成功100%

前洛杉矶湖人队的教练派特·雷利在湖人队最低潮时，告诉12名球队队员说："今年我们只要每人比去年进步1%就好，有没有问题？"球员一听："才1%，太容易了！"于是，在罚球、抢篮板、助攻、抄截、防守一共五方面都各进步了1%，结果那一年湖人队居然得了冠军，而且是最容易的一次。

有人问教练，为什么这么容易得到冠军呢？

教练说："每个人在五个方面各进步1%，则为5%，12人一共60%。一年进步60%的篮球队，你说能不得冠军吗？"

让自己每天进步1%，只要你每天进步1%，就不用担心自己不快速成长。

在每晚临睡前不妨自我分析：今天我学到了什么？我有什么做错的事？今天我有什么做对的事？假如明天要得到我要的结果，有哪些错不能再犯？

反问完这些问题，你就比昨天进步了1%。无止境的进步，就是你人生不断卓越的基础。

你在人生中的各方面也应该照这个方法做，持续不断地每天进步1%，一年便进步了3780%。长期下来，你一定会有一个高品质的人生。

不用一次大幅度的进步，一点点就够了。不要小看这一点点，每天小小的改变会有大大的不同，很多人一生当中连一点进步都不一定做得到。

人生的差别就在这一点点。如果你每天比别人差一点点，几年下来，就会差一大截。

如果你将这个信念用于自我成长上，一定会有180度的大转变，除非你不去做。

第3章

瓦伦达效应：不希望一定成功，结果往往成功

瓦伦达是美国一个著名的高空走钢丝的表演者，他在一次重大的表演中，不幸失足身亡。原因是他上场前总是不停地说，这次太重要了，不能失败。而以前每次成功的表演，他总想着走钢丝这件事本身，而不去管这件事可能带来的一切。心理学家把这种为了达到一种目的总是患得患失的心态命名为“瓦伦达心态”。

如果你对成功与否太过于患得患失，可能结果未必如你所愿。而如果以平常心对待、不患得患失，反而更易于取得成功。这就是“瓦伦达效应”表达的内容。简单来说就是：做事情要专注，要摒弃外在和内在的干扰，才能成功。

越担心失败，越容易失败

瓦伦达以精彩而稳健的高超演技闻名于全美国。他从来没有出过事故，因此，当演技团这一次要为重要的客人献技时，决定派他上场。瓦伦达知道这一次上场的重要性：全场都是美国知名的人物，这一次成功不仅仅将奠定自己在演技界的地位，还会给演技团带来前所未有的支持和利益。因而他从前一天开始就一直在仔细琢磨，每一个动作、每一个细节都想了无数次。

演出开始了，这一次他没有用保险绳。因为许多年以来他没有出过错误，他有100%的把握不会出错。但是，意想不到的事情发生了，当他刚刚走到钢丝中间，仅仅做了两个难度并不大的动作之后，就从10米高的空中摔了下来，一命呜呼。

事后，他的妻子说："我知道这次一定要出事。因为他在出场前就这样不断地说：'这次太重要了，不能失败。'以前每次成功的表演，他只是想着走好钢丝这事的本身，不去管这件事可能带来的一切。瓦伦达太想成功，太不专注于事情本身，太患得患失了。如果他不去想这么多走钢丝之外的事情，以他的经验和技能是不会出事的。"

瓦伦达之所以出事，就是因为他太过于关注事情的结果，担心这担心那，不仅使自己的精力和注意力分散，还把自己弄得神经兮兮，精神高度紧张。正所谓“越担心失败，越容易失败”“越是紧张，输得越惨”。

在一次全国足球联赛中，泰山足球队有一个前锋几个赛季的进球都很少。他在门前的机会很多，可是每当机会来临的时候，他那临门一脚，总是把球踢到门框外面去。事实上，就连不会踢球的人都看得出来，有许多球，他只要一蹭就能进门，他把球踢到门外面去比踢进门难度大多了，费劲多了。当时某报有一个记者写了一篇文章给他支招说，当你感觉到往门外实在不好踢时就往门里踢！

这位前锋的毛病是典型的“瓦伦达心态”在作怪。他太想进球了，他太想立功了，他太想表现自己了。当他站在球门前的时候，当机会来临的时候，他脑子里踢球以外的信息太多了。

在现实生活中，人们做任何事情，总是想得太多，太在乎事情所带来的后果，太在乎别人的闲言碎语、说三道四，太在乎现在和未来的一切，可我们恰恰忽略了事情本身。我们的大脑成天被各种欲望塞得满满的，身体被压得气喘吁吁的，在这样的重荷下，我们能把事情做好吗？结果我们总是偏离预定的轨道，离成功越来越远！

法拉第说过一句话：“拼命去换取成功，但不希望一定会成功，结果往往会成功。”这就是成功的奥秘。

打败内心的胆小鬼，不要被想象吓倒

《不带钱去旅行》的作者麦克·英泰尔，开始只是个很平凡的上班族，在他37岁那年，他毅然决定放弃自己的工作，将自己身上仅有的3美元捐给了街边的流浪汉，他自己只带了换洗的衣服，从自己生活了几十年的加利福尼亚州出发，开始了旅行，一路坐着便车走遍了全美国。

然而，令人想象不到的是他的这个决定，竟是他在精神接近崩溃的时候做出的。

他这次旅游去的地方是美国东岸北卡罗来纳州的恐怖角。为什么他会去那里呢？这要从某个下午说起，他问了自己一个问题：如果有人跟他说如果他今天死了，会不会后悔？为此他哭了起来。然后，他停了下来，很肯定地说，会，以前的日子对他来说一直是很平淡的，没有激起过火花，甚至都玩不起一场小赌注。

他又想起了以前的30年，自己因为个性懦弱，本来有机会做的事却因为害怕而没有去做。他在脑海里不停地回想、反省，他很生气地告诉自己，什么都害怕，活着还有什么用呢！做什么都听他人的没有自己的一点主见，活着还有什么意义呢！他一直都在质疑自己的存在价值。

最终，他做出了决定，那就是一定要突破自己。因此他给自己定下了去传说中的恐怖角的计划。

如果一个人对什么事情都害怕、担心，但却要去传说中的恐怖角，的确需要很大的勇气与决心。亲友们得知这一消息后，嘲笑说："你对自己有把握吗？路上你一定会遇到很多的困难，你一定会退缩的。"

但英泰尔却很坚定地说不会。他向自己保证。

英泰尔只是凭着自己的一时冲动与坚强的毅力而开始上路。他以前从来没有一个人独立完成过一件事，但是他成功了，他在路途上得到了80多位陌生人的帮助，最终完成了4000多英里的路程，平安到达了目的地。

英泰尔一分钱没有花而成功抵达目的地时，对着在那里等待他的人们说："我没花钱就来到这里，并不是想证明金钱没用，最主要的是想克服自己心里的恐惧，看着恐怖角的路标，我感受到其实恐怖角一点也不恐怖，跟我的恐怖也很像，现在我终于清楚了，过去实在是太胆小怕事了。"

对于英泰尔曾经的担心和害怕，你是否也有所感受呢？每个人都希望拥有精彩的人生，然而，在你刚开始走第一步的时候，肯定会犹豫不决，会考虑很多的问题，还没有迈出第一步，心里就勾勒出跌倒的样子，当然也只能停留在原地了，而后又会去懊恼错过了机会。

人生中不要再给自己太多的恐吓，只有亲身体验，你才会体会到成功，才会觉得原来一切并不是你想象的那么困难。

摆脱恐惧的桎梏，以信心代替畏惧

恐惧是一种普遍存在的消极心理，它到处压迫着人们，只要是凡人，谁能无惧？最伟大、最勇敢的英雄也会诚实地告诉你，当他们在做那些英勇事迹时，他们的心里其实和你我一样害怕，区别只在他们能克服恐惧，拒绝投降的召唤。

当你面对恐惧时，勇往直前，害怕自然缩小不见，但是你逃避的话，它会不断增长，直到完全控制你的生活。

恐惧能摧残人的创造精神，足以杀灭个性而使人的精神机能趋于衰弱。大事业不是在恐惧的心情下可做成的，一旦心怀恐惧的心理、不祥的预感，做什么事都不可能有效率。恐惧代表着、指示着人的自卑与胆怯。这个恶魔，从古至今，都是人类最可怕的敌人，是人类文明事业的破坏者。

对于恐惧，爱默生说得好："它们征服那些认为它们有足够力量征服的人。"

恐惧多半是心理作用。烦恼、紧张、困窘、恐慌都是起因于消极的想象。但是仅知恐惧的病因并不能根除恐惧。正如医生发现你身体的某部位受感染，不会就此了之，而是进一步去治疗。有效的治疗必须对症下药。

首先，你要有一个这样的认识：信心完全是训练出来的，不是天生就有的。你所认识的那些能克服忧虑、无论何时何地都泰然自若、充满信心的人，全都是磨炼出来的。

有这样一个人，天生就十分胆小。他的生活沉浸在疾病的恐惧中。他时常由于预期到某种在实际上绝不会发生的疾病而烦恼痛苦：假使受了些凉，他准以为是要犯伤寒重症了；假使他喉头有些痛，他一定以为那是扁桃体要发炎了；假使他心头有些悸动，他就要惶惶然以为患了严重的心脏病了。

世界上有很多的人，都是过着像这个人一样恐惧不断的生活，由此无可避免地陷入了自卑中。当不祥的预感、忧虑的思想在你的心中发作时，你不应当纵容它们发展。你应当转换你的思想，想到种种与它们相反的方面上去。假使你担心现在的事业会失败，则你不应当想到你自己是怎样软弱无能、怎样不堪重任、怎样准会失败，你应当尽量想着你自己怎样强、怎样有本领、怎样在过去也曾遇到过与此相似的事、怎样利用过去的经验应付现在的问题、怎样预期得到成功的胜利。

伟大的男高音歌唱家卡罗素，有一次感染上对舞台的恐惧症。由于强烈的恐惧，他的喉咙的肌肉紧缩，因而发不出声音来。

因为几分钟后就要登台了，他汗流满面，极为羞愧，甚至还因为恐惧和惊惶，而浑身颤抖。

他说：“我不能唱了，他们会讥笑我。”于是他不断地对自己说，“我要唱歌了！我要唱歌了！”

他的潜意识开始发生反应，发挥出他内在的巨大能力。到该他登台的时候，他走上了舞台，唱出悦耳而和谐的歌声，迷住了所有的听众。

很多事情，你现在觉得害怕，但是一旦你面对它，并驾驭它以后，它很可能变成你所喜欢的。在开始学溜冰的时候，你可能一看到冰鞋就全身发软。可是一旦你克服恐惧，学会溜冰以后，你会后悔为什么不早点学会溜冰。

恐惧是信心的敌人。恐惧会阻止人向前迈进；恐惧会耗损精力、破坏身体器官的功能，抑制潜能，恐惧使人游移不定、缺乏信心，恐惧确实是一股强大的力量，它会用各种方式阻止人们从生命中获得他们想要的事物。

生命犹如无限丰富而又深不可测的大海，你生活在这大海之中，你的潜意识对你的想法极为敏感。如果你能够应用心智的定律，以平和代替痛苦，以信心代替畏惧，以成功代替失败，当然就再没有比这更美好的结果了。

借助自我暗示，激发正向能量

斯坦福大学的一项研究证实：人大脑的某一图像会像实际情况那样刺激人的神经系统。例如高尔夫球手反复告诫自己“不要把球打到水里”时，大脑就会出现“球进水里”的画面，这时候杆子一挥，球大多会掉进水里。这项研究从侧面证实了“瓦伦达效应”。又比如，当我说：别去想那只粉红色的大象了，你头脑中想到的第一个画面是什么？继续重复这句话后，心里想的是什么？

这是一种自我暗示的做法，可惜使用不合理。通常，暗示是没有选择性的，是潜意识对外界任何现象（包括听到、看到的一切）以及任何显意识行为（也就是思考）的认同、接收和储存。暗示不具有分辨力，无论有没有反对的声音存在，暗示都会产生效果。因此，当你对自己反复说“不要掉水里”“不要想他”“不要紧张”时，其实暗示已经起作用了，但往往没有价值判断与选择，也过滤掉副词、动词，剩下简单的结果就是“球在水里”“他”“紧张得颤抖”等画面。这种预想的结果，往往引起恐惧、紧张与不安，直接干扰注意力和思维，导致失败。

自我暗示，可分为积极的自我暗示和消极的自我暗示。积极的自我暗示可以提升你的信心，引导你走向成功，给你带来好运，而消极的自我暗示对于你的思维和心态，却有不同程度的妨碍或者伤害，从而给生活和工作带来无穷的痛苦。其实，大多数人从小开始就接受过消极的自我暗示。只是不知道该如何摆脱，才使我们在潜意识中，不知不觉地主动接受了这些暗示。

在潜移默化当中，诸如此类的暗示就是你日后生活中的“潜在杀手”。它们将对你的成长产生巨大的影响，不是积极的，而是消极的破坏作用。这些消极暗示，影响着你的日常言行模式，足以使你在个人生活和人际交往中受到挫折。那么，年幼时留存下来的消极暗示，能不能消除呢？答案是肯定的。只要你通过恰当的自我暗示，你就可以走出以往消极性暗示的阴影，纠正错误的生活方式，走出人生理想的生活轨迹。

随便哪一天，只要你拿起一张报纸，看看里面的新闻，你就会发现，几乎每张报纸中总会有一些让人不安的东西，比如哪里出车祸了，哪里发生凶杀案件了……这样的消息在你心中所播种的，多是恐惧、忧虑和不安。如果你把这些全部接受的话，那么你头顶上的天空就会布满阴云。所以，你要以健康而积极的自我暗示，让潜意识得到“授意”，驱走头脑中一切悲观而消极的想法。

一个刚刚出道的女歌手，因被邀请参加某次大型演唱会而事先进行试唱。在这之前，她曾经接到过类似的邀请，但是她去试唱了三次，结果都是因为紧张，三次均被淘汰。尽管她的嗓音很出众，演唱水平不俗，长相也很好，但她总是担心等到她演唱时，评委会给她亮出最低分。因为她总是担心评委们不喜欢她，虽然自己尽力演唱，但是她总是有这种心理，于是她每次参加试唱的时候就心情焦虑，不知道如何是好。她的潜意识接受了这种消极的自我暗示，并对她的试唱产生了致命的影响，使她屡次遭受挫败。

后来，她听从朋友的建议，来到一家心理诊所，接受治疗。在医师的建议下，她开始运用自我暗示的方法，向恐惧感发起攻击。她把自己关在一个房间里，坐到一个带扶手的椅子上，尽量放松心情，让自己的全身都感到很舒适，并慢慢地闭上双眼，均匀地呼吸，逐渐驱走头脑中的杂念。这样，她的意识性思维变得驯服了，易于接受自我暗示。她对自己说："其实，我唱得很好。我很有实力。我可以做到心平气和，非常自信。"按照医生的建议，她每天都重复做这样的练习。一周以后，她就像变了一个人似的，她不再那么焦虑和恐惧，而是沉着和冷静。她不仅在以后的试唱中通过了评委的审查，而且演唱水平也大幅度提高。

自我暗示的力量是无穷的，只要你能够正确运用它，它就会为你的人生带来幸福和快乐。

打破瓦伦达效应的自我训练法

瓦伦达效应说明：越是患得患失，越是害怕失败，越是有可能导致失败。因此，我们只有以平静、淡定的心态面对一切，不去关心失败的后果，方能消除恐惧紧张，从容不迫，一步一步达成目标。

具体来说，可从以下几方面做起：

1. 专心致志

瓦伦达以前能够成功地走钢丝是与他的专心致志有关的。专心致志注意力就能高度集中。这里主要有如下几个因素在起作用：

（1）与瓦伦达的有意注意能力强有关。有意注意是一种主动地服从于一定活动任务的注意，受人的意识控制和支配。瓦伦达这种有意控制注意的能力特强，他不为其他因素所干扰，而始终把注意力集中在走钢丝上。

（2）与走钢丝的生存刺激强度有关。一般来说，刺激物强度越强引起人的注意也越强。走钢丝在毫无安全保护的情况下，这对人的生存来说是一个巨大的刺激，容不得半点马虎。因此，瓦伦达在这种情况下其注意力活化了。

（3）与瓦伦达的注意稳定性好有关。注意稳定性是指在同一对象或同一活动上注意所能持续的时间。这一良好的注意稳定性确保了瓦伦达走钢丝这段时间的高效率、高质量。之所以能有这么好的注意稳定性，是与他对走钢丝这项活动意义理解得深刻、抱有积极态度，而且有浓厚的兴趣有关。

（4）与瓦伦达的体质心情等有关。如果他睡眠不好、心情不佳、十分疲倦，还患有感冒、咳嗽，那么，注意力就很难集中，走钢丝就十分危险。可见，高度集中的注意力乃是瓦伦达效应产生的重要原因之一。

2. 熟能生巧

平地上我们一般人都能集中注意力，但是到高空的钢丝上就都无法集中注意力了。这与一个人的技能有关。这里最重要的是两种技能。一是平衡能力，一是注意分配能力。这些能力就要靠后天的训练，以致成为技巧，达到有意后注意的水平。这就可以减少注意的紧张性。

3. 避免干扰

也就是与抗干扰能力强是密切相关的。如果在从事某项活动时脑子里一直想着成功的喜悦与表扬，或失败后的痛苦与冷眼，那么，这一活动就很难顺利完成。考试时越想考好越考不好，越怕考不出来越考不出来，这是多少人经历过的事实。

4. 平常心

瓦伦达不会以此论英雄，也不想借此扬美名，而是与平时那样有一颗平静之心，至于美名、金钱那是身外之事，这样却反而都取得了成功。那些一心想扬名、挣钱的人，由于动机强度太大，行动就往往会出问题，要么不协调，要么出偏差。只是把心放在一种平静悠然之中，人的最大潜能才能发挥出来。现实中的大量事物，都充分地证明了这一点，只有拥有一颗平常心，才不会产生瓦伦达效应。

第4章

罗伯特定律：没有人能打败你，除了你自己

罗伯特定律是由美国学者卡维特·罗伯特提出的，指没有人因倒下或沮丧而失败，只有一直倒下或消极才会失败。这句话包含着很深的寓意，那就是：自己不打倒自己，就没有人能打倒你！放弃什么，都不要放弃希望！

你不会失败，除非你自认失败了

我们奋斗在人生的旅途中，与天斗，与地斗，与人斗。我们不轻易服输，相信只要自己努力就没有什么战胜不了的。然而，太多的时候，面对恶劣的环境，面对大灾人祸，面对重重的困难和挫折，是我们在心理上首先否定了自己，因而选择了放弃，选择了失败。

“战胜自己，我便是强者。”这句话是奥运会双料冠军张怡宁常说的一句话，更是乒坛“大姐大”邓亚萍夺金的关键。这句话的意思是说，当你遇到挫折或身处逆境时，都应该顽强拼搏，有战胜困难的自信和勇气，那样的你，就是一个强者，一个谁都打不败的强者。

想想古今中外伟大的人物和那些有建树的人们，哪一个不是对自己信心十足，具有顽强毅力的呢？如果爱迪生因为一次次失败而灰心了，那么他还能成为举世闻名的发明大王吗？如果爱因斯坦因为别人的嘲笑而放弃了自己的信念，那么他还能成为诺贝尔物理学奖的获得者吗？如果李时珍因为种种困难而放弃自己的事业，那么他还能写出《本草纲目》吗？

这个世界上谁是真正能够打败你的人？唯有自己。

有时，面对困难，我们常常退缩，理由是困难太大；面对竞争，常常逃避，理由是对手太强；面对责任，我们常常推卸，理由是担子太重；面对坎坷，我们常常……不错，人生给我们的太多太多，而我们用以逃避的理由也同样太多太多。我们为什么不敢正视这一切？是因为我们无法战胜自己内心的种种怯弱、担忧、自卑以及恐惧！

人的本性是这样的，人的本性注定我们的内心有许多的不坚强。自己，往往是最可怕的对手，是最无底的洞，是最看不透的迷雾。为了成功，我们必须战胜自己，自己是通往成功的最后一道屏障。

古希腊有一位演说家，起初他由于口吃，常常被对手反驳得无还击之力，而遭到别人的嘲笑。也许，有很多人会说这是他自己的能力无法达到的，放弃才是明智的选择，然而，就是这位演说家，他每天清晨坚持练习，经过不懈的努力，他成为当时最为著名的演说家。由此可见：天生的不足，别人的嘲笑，以及种种的理由，都不是阻碍你成功的荆棘，唯有你自己为了安稳享乐，为了蝇头小利，为了达到暂时的满足，而放弃了坚持、奋斗，才会让你永远无法超越。

大家都知道海伦·凯勒，都知道爱迪生，也知道卧薪尝胆的越王勾践，不错，古往今来，无数的成功者都是对“战胜自己”最完美的诠释。如果你还在退缩，请快点明白，战胜自己是如何紧迫；如果你还在犹豫，请看看那胜利者是如何一步步走来；如果你已经在向自己挑战，坚持下去，成功最终会敞开胸怀！

使人痛苦的原因很多，或者来自感情生活的挫折或不幸；或者来自理想追求的挫折；或者来自丧失亲友的悲痛等。无论由何种原因引起的痛苦，其共同的情绪体验是，陷入情感上的悲哀、矛盾、忧虑而不能自拔。因此，要消除痛苦的情绪，首先，必须战胜自己。学会劝慰自己，对自己说：让自己陷入痛苦之中，对解决问题无任何益处，相反，会使情绪更糟糕。这样，你就会重新振作起来。

请记住：这个世界上没有谁能打败你，除了你自己。要相信自己，同时要勇于向自己的弱点挑战，战胜自己内心的恐惧，战胜自己性格上的懦弱，战胜自己行动中的犹豫……战胜了自己，你就战胜了一切，成功就指日可待。

可以输给别人，不能输给自己

莎士比亚曾说："假使我们将自己比作泥土，那就真要成为别人践踏的东西了。"其实，别人认为你是哪一种人并不重要，重要的是你是否肯定自己；别人如何打败你，并不是重点，重点是你是否在别人打败你之前就先输给了自己。很多人失败，通常是输给自己，而不是输给别人。

下面是一个真实的故事：

美国从事个性分析的专家罗伯特·菲利浦有一次在办公室

接待了一个因企业倒闭而负债累累的流浪者。罗伯特从头到脚打量眼前的人：茫然的眼神、沮丧的皱纹、十来天未刮的胡须以及紧张的神态。罗伯特想了想，说："虽然我没有办法帮助你，但如果你愿意的话，我可以介绍你去见本大楼的一个人，他可以帮助你赚回你所损失的钱，并且协助你东山再起。"

罗伯特刚说完，他立刻跳了起来，抓住罗伯特的手，说道："看在老天爷的分儿上，请带我去见这个人。"

罗伯特带他站在一块看来像是挂在门口的窗帘布之前。然后把窗帘布拉开，露出一面高大的镜子，他可以从镜子里看到他的全身。罗伯特指着镜子说："就是这个人。在这个世界上，只有这个人能够使你东山再起。你觉得你失败了，是因为输给了外部环境或者别人了吗？不，你只是输给了自己。"

他朝着镜子走了几步，用手摸摸他长满胡须的脸孔，对着镜子里的人从头到脚打量了几分钟，然后后退几步，低下头，哭泣起来。

几天后，罗伯特在街上碰到了这个人。他不再是一个流浪汉形象，他西装革履，步伐轻快有力，头抬得高高的，原来那种衰老、不安、紧张的姿态已经消失不见。

后来，那个人真的东山再起，成为芝加哥的富翁。

在生活的艰难跋涉中我们要坚守一个信念：可以输给别人，但不能输给自己。因为打败你的不是外部环境，而是你自己。

一个不输给自己的强者，是不忘自己的人生权利、在困境时也能保持积极心态的人；他是能正确对待失败，永不放弃的人；他是有傲骨而没傲气、看重自己做人的尊严胜过自己生命的人；他是能尊重、宽容、善待朋友，知道怎样对待别人，别人就怎样对待自己的人；他是能驾驭时间，高质量利用时间和能跟时间赛跑的人；他是对财富有正确的理解，君子爱财取之有道的人；他是理解爱情真谛，拥有强大情感支撑的人。

美国著名心理学教授丹尼斯·维特莱把这些人性的优点称为良好的精神准备。他指出，有无良好的精神准备，或是打开成功之门的钥匙，或是封闭成功之门的铁锁。因此，战胜世界首先要战胜自己，因为最强大的敌人不是别人而是自己。

成功，就是要战胜自己

有一位哲人曾经这样诠释人生：

“人的一生只有5%是精彩的，也只有5%是痛苦的，另外的90%是平淡的；人们往往被5%的精彩诱惑着，忍受着5%的痛苦，在90%的平淡中度过。”

是的，我们无法避免在追求成功的路上所遇到的荆棘与挫折，但是，当你的内心将这些挫折当作痛苦去对待的话，疲劳将始终纠缠着你，失望也将一直笼罩着你。其实，只要我们的内心更加坚强一些，强大到可以战胜自己内心一切的弱点，那么，成功也就离你不远了。

如把我们日常所经历过的种种痛苦烦恼，仔细分析一下，你会发现，这痛苦的来源有一大部分都是战胜不了自己。

当我们需要勇敢的时候，先要战胜自己的软弱；

需要洒脱的时候，先要战胜自己的执迷；

需要改变的时候，先要战胜自己的固执；

需要冷静的时候，先要战胜自己的冲动；

需要勤奋的时候，先要战胜自己的懒惰；

需要宽宏大量的时候，先要战胜自己的浅狭；

需要廉洁的时候，先要战胜自己的贪欲；

需要公正的时候，先要战胜自己的偏私。

这许多矛盾的名词——勇敢、软弱，洒脱、执迷，勤奋、懒惰，宽大、浅狭，廉洁、贪欲，公正、偏私……几乎经常同时占据着我们。

美国《运动画刊》上登载了一幅漫画，画面是一名拳击手累瘫在练习场上，标题为《突然间，你发觉最难击败的对手竟是自己》。这个标题实在耐人寻味。

在剑桥有一名学业成绩优秀的毕业生，去报考一家大公司，结果名落孙山。这位青年得知这一消息后，深感绝望，顿生轻生之念，幸亏抢救及时，自杀未成。不久传来消息，他的考试成绩名列榜首，是统计考分时，电脑出了差错，他被公司录用了。但很快又传来消息，说他被公司解聘了，理由是一个人连如此小小的打击都承受不起，又怎么能在今后的岗位上建功立业呢？

这个青年虽然在考分上击败了其他对手，可他没有打败自己心理上的敌人，他的心理敌人就是惧怕失败，对自己缺乏信心，遇事自己给自己制造心理上的紧张和压力。

世上没有绝对完美的人，当然也很少有绝对不可救药的人，每一个人的性格中都或多或少地存在着上述的矛盾。这些矛盾，在你遇到一件事情，需要你采取行动去应对的时候，就往往会同时出现。而当它们同时出现的时候，也就是你开始彷徨困惑、痛苦不堪的时候。你怎样决定，完全看这两种矛盾的力量是哪一边战胜。如果是积极和光明的一边战胜，你就走向成功。如果是消极和黑暗的一边战胜，你就走向失败。

这理由很明显，按理说，每一个人都应该知道自己怎样做，才是正确的决定。但是，很少有人能够不经交战而采取正确的行动。甚至交战的结果，仍是消极与黑暗的一边战胜。

战胜自己不是一件容易的事，它需要很大的勇气与坚定的信念。想想看，你战胜自己的次数多吗？是否时常姑息纵容自己？

战胜了挫折，就战胜了自己

有个商人因为经营不善而欠下一大笔债务，由于无力偿还，在债权人频频催讨下，精神几近崩溃，他因此萌生了结束生命的念头。

苦闷至极的他，有一天独自来到亲戚的农庄拜访，心里打算在仅有的时间里，享受最后的恬静生活。

当时，正值八月瓜熟时节，田里飘出的阵阵瓜香吸引了他。守着瓜田的老人看见他到来，便热情地摘了几个瓜，请他品尝。不过，心情仍然低落的他，一点享用的心情也没有，但是又无法拒绝老人家的好意，便礼貌地吃了半个，并随口赞美了几句。

然而，老人家听到赞扬，却非常喜悦，他开始滔滔不绝地诉说着自己种植瓜果所付出的心血与辛苦：

“四月播种，五月锄草，六月除虫，七月守护……”

原来，他大半生都与瓜秧相伴，流了不少汗水，也流过许多泪水。在瓜苗出土时，遭遇旱灾，但是为了让瓜苗得以成长，老人家即使每天来回挑水也不觉得辛苦。

又有一年，就在收获前，一场冰雹来袭，打碎了他的丰收梦；还有一年，金黄花朵开得相当茂盛时，一场洪水让这一切都泡汤了……

老人说：“人和老天爷打交道，少不了要吃些苦头或受些气，但是，只要你能低下头，咬紧牙，挺一挺也就过去了。因为，最后瓜果收获时仍然全部都是我们的。”

老人指着缠绕树身的藤蔓，对心事重重的商人说：“你看，这藤蔓虽然活得轻松，但是它却一辈子都无法抬头！只要风一吹，它就弯了，因为它不愿靠自己的力量活下去。”

这番话让商人醒悟了过来，他吃完手中剩下的半个瓜，在瓜棚下的椅子上放了100元钱，以示感激，翌日便踏着坚毅的步伐离开了农庄。

五年后，他在城市里重新崛起，并且成为一个现代化企业的老板。

人生在世，谁都会遇到挫折，适度的挫折具有一定的积极意义，它可以帮助人们驱走惰性，促使人奋进。挫折又是一种挑战和考验。英国哲学家培根说过："超越自然的奇迹多是在对逆境的征服中出现的。"关键的问题是应该如何面对挫折。

当挫折站在我们的面前时，我们开始了选择。正如世上没有完全相同的树叶一样，人与人的选择也是不尽相同的。我们可以选择放弃挫折，绕道而行，不必为了遇到挫折而难过，也不用去付出什么努力；我们也可以选择正面地迎接挫折，毫无畏惧，虽然我们为此付出了辛勤的劳动，可是我们却可以收获战胜困难的喜悦与兴奋，也有了今后战胜困难的勇气。

战胜自己是一个不断超越的过程

战胜自己首先要有不断超越的决心，"青出于蓝而胜于蓝"，既是青对蓝的否定，也是对蓝的升华。我们的进步既包括对昨天的褒奖，也包括对今天的否定。

这一观点在雅典第28届奥运会上得到了印证。名不见经传的山东姑娘杜丽，在万众瞩目之下，面对着如林的强手，心理压力重如泰山，没有沉着冷静的心态和精确的发挥，她能拿到金牌吗？此刻，她射中的不是靶子，而是消灭了自己的懦弱和紧张。身患腰疾的奥运会69公斤级举重的金牌得主张国政，在2005年第十届全国运动会上强忍着病痛参赛，第三次试举192.5公斤，轰然倒下而动弹不得。此刻，他举起的是自己的勇气和坚强，而踩在脚下的是病痛与软弱。体育比赛就是超越极限的比赛，包括心理极限和身体极限。此刻，运动员战胜的不光是对手，还包括畏惧和各种不健康的心态。

成绩只能说明过去流过的汗水，只能用它来点燃明天的辉煌。运动员整日沉浸于往日金牌的喜悦中，今天就可能连铜牌都拿不到。强项变弱项，老马失前蹄，是因为被往日的战绩所缠身，思想上的包袱压扁了勇气和信心。蝉蛹钻破硬壳，勇敢地爬上树干，坚决撕破自己的身体，让自己成为一只飞蝉，嘹亮地鸣唱；蝴蝶从笨拙的蛹虫的身体中剥离，长出绚烂的翅膀，在芬芳的鲜花间自由飞翔。它们在否定自己，战胜自己后走向了一个更高的层次。

在追求成功的道路上，失败和成功的原因，究竟是什么呢？这其中的主要原因是：前者是被自己打败，而后者却能打败自己。美国有位叫凯丝·戴莱的女士，她有一副好嗓子，一心想当歌星，遗憾的是嘴巴太大，还有龅牙。她初次上台演唱时，努力用上嘴唇掩盖龅牙，自以为那是很有魅力的表情，殊不知却给别人留下滑稽可笑的感觉。有位男听众很直率地告诉她："龅牙不必掩藏，你应该尽情地张开嘴巴，观众看到你真实大方的表情，相信一定会喜欢你的。也许你所介意的龅牙，会为你带来好运呢！"

人有了信心，就会产生意志力量。人与人之间，弱者与强者之间，成功与失败之间最大的差异就在于意志力量的差异。人一旦有了意志的力量，就能战胜自身的各种弱点。

战胜自己、超越自己的32字秘诀

成功的人都不是一蹴而就的，他们都是在不断挑战自己的过程中，为自己树立更高的目标，一步步走向人生的辉煌。敢于向自己挑战的，一定是非常有自信的人，他认为自己一定能够比现在更好，所以不断提高对自己的要求。敢于挑战自己的人一定很有斗志，因为他喜欢让自己变得更好，而要变得更好，必须保持斗志，有热情。

战胜自己并不是一件容易的事，需要付出极大的勇气，付出实际的行动。具体来说，可从以下几方面做起：

1．志存高远，信念坚定

远大的目标能焕发出激昂的斗志，不懈的努力能征服任何艰难困苦。高标准严格要求自己，付出滴水穿石的努力，才有可能达到理想的彼岸。

2. 见贤思齐，知耻后勇

人贵有自知之明，对自己的优劣长短，要有一个全面的、正确的认识。只有正视自己的缺点，看到自己的短处，自觉与别人的优长对照，深入剖析自身的弱点、缺点和错误，才能发现差距何在，才能知耻后勇，努力剔除自身消极的东西，在自省中自励，在反思中提高，在提高中不断战胜自己。

3. 积极进取，自强不息

“业精于勤荒于嬉，行成于思毁于随。”勇于突破自我、超越自我的人，是生活的强者；任何一劳永逸、一蹴而就的想法，都是不切实际的幻想。

4. 挖掘潜力，挑战极限

每个人都拥有自己的梦想，但是到头来真正能够实现自己梦想的人却很少，为什么？人的智商不会有太大的差别，能否成功的关键就在于你是否有勇气去挑战自己，能否做到别人做不到的事情，敢于挑战自己的人，往往能够激发自己无穷的潜力，从而取得更大的成就。

第5章

淬火效应：玉不琢不成器，剑不磨不锋利

金属工件加热到一定温度后，浸入冷却剂（油、水等）中，经过冷却处理，工件的性能更好、更稳定。心理学把这定义为“淬火效应”。

铁经百炼方能成钢，钢经千锤方能成器，在淬炼的过程中，就需要不停地通过冷热交替来打磨韧性，无数次交替过后，才能打造出好的成品。人也是如此，历经挫折和锻炼，其心理会更趋成熟，心理承受能力会更强，意志会更加坚定，会更容易取得成功。

荣誉的桂冠是用汗水铸就的

一个伟大的艺术家要成就一件传世之作，不知道要吃多少苦头，不知道要经历多少年的磨炼；一个作家要成就一部优秀的作品，不经过几番痛苦的思考是写不出来的；一支部队要赢得一场战役的胜利，就必须做出巨大的牺牲。这些画家、作家和战士，都是用艰苦的努力和辛勤的汗水才铸就出荣誉的桂冠。

在羡慕别人成功的同时，你不妨扪心自问："他比我优越的地方在哪里？"然后力求改进。如果对方实在没有超越你的地方，那又为什么他做得到而你做不到呢？

《圣经》里有一个故事，说耶稣带着他的门徒彼得出外远行，在途中，耶稣看到地上遗落着一块破旧的马蹄铁，于是要求彼得把它拾起来。但是，彼得却因为旅途劳累，不愿为一块马蹄铁折腰，因此充耳不闻，故意假装没有听到。

耶稣并没有多说些什么，他自己弯腰捡起马蹄铁。到了城里，他用这块马蹄铁向铁匠交换了微薄的金钱，又用这些钱买了十七八颗樱桃。

师徒两人继续往前行，来到了一片荒野。彼得背着沉重的行李，走得又累又渴，但是身上的水却早已喝光了，正当他苦无对策之际，耶稣悄悄地从衣袋里丢出一颗樱桃，彼得看到了，像是发现什么大宝藏似的，连忙捡起来吃。

于是，耶稣每走一段路就丢下一颗樱桃，彼得也只好每走一段路便弯一次腰，一路上为了甘甜的樱桃，狼狈地弯了不知道多少次腰。

耶稣见到彼得腰酸背痛的模样，知道他受够了教训，于是笑着说："如果你不肯为小事付出，那么你将会为更小的事而付出更多。"

清代名臣曾国藩曾说过一句名言："坚其志，苦其心，劳其力，事无大小，必有所成。"许多看似微不足道的小事，都是成功金字塔上的一块块小砖头，不加以实践，又如何造就成功?

法国作家夏尔说："为了换取灿烂的光华，你必须去吹动那些微弱的火花。"耕耘贵在脚踏实地，而非幻想着一步登天。所有的成功，都是建立在务实的基础上，一步一个脚印，路，就是这么走出来的。

挫折和不幸是强者的进身之阶

巴尔扎克说："挫折和不幸，是天才的进身之阶、信徒的洗礼之水、能人的无价之宝、弱者的无底深渊。"面对生活中的诸多坎坷和不幸，强者相信奋斗，首先战胜自己；弱者则屈服于自己，只能去相信命运。

人生在世，总会有几番起落。在我们前进的道路上，挫折和失败在所难免。少年朋友学骑车、练游泳，往往会摔跤、呛水；青年学生高考落榜，失去上大学的机会；辛勤劳动者，盖起房屋却被洪水冲垮；下海经商，想赚钱反倒蚀了本；爱情出现风波，心上人移情别恋；朋友发生误会，友谊蒙上阴影……凡此种种，都是挫折和失败。只要有人类存在，就一定有挫折和失败存在。

挫折和顺利，失败和成功，都是完整人生不可缺少的组成部分。它们之间，相反相成，互相转化。顺利往往伴随挫折而来，成功常常在失败中诞生。能否化挫折为顺利、转失败为成功，关键在于我们对待挫折和失败的态度，在于我们在挫折和失败中能否保持坚定的意志。

只有不甘失败、永不服输、向前迈进的人，才能登上成功的巅峰。

19世纪法国著名小说家莫泊桑初学写作时，把习作送给当时的著名作家福楼拜看，由于质量不高，福楼拜不客气地要他把它烧掉，并劝他踏踏实实地从学习观察社会的基本功做起。经过长期坚持不懈的努力，莫泊桑终于成为短篇小说大师。

罗曼·罗兰是法国著名作家、音乐评论家、社会活动家，他的第一篇小说送给当时一位权威批评家看时，也遭到否定，虽然他一时气得把原稿撕得粉碎，但他并没有灰心，继续坚持写作，终于成为世界闻名的大作家。

我国著名京剧表演艺术家盖叫天，为了表现武松的英姿，曾在眼皮中间撑两根火柴棒来练习眼睛睁圆。为了使腿部挺直，他走路时在腿弯处绑上两根削尖的竹筷子。不知经历了多少挫折和失败，不知尝了多少辛酸苦辣，终于练成了舞台上的“活武松”。

我们既不要为任何的成功而骄傲自满，忘记了追求成功的艰辛和困苦，也不要为一时的挫折垂头丧气，失去了重新战斗的勇气。只有这样，才能靠自己拯救自己。

让我们牢记“挫折和失败是成功之母”这一至理名言，直面挫折与失败，勇往直前，去夺取成功吧！

宝剑锋从磨砺出，梅花香自苦寒来

漫漫岁月，茫茫人海，生活道路上无不充满坎坷，如生活困难、高考落榜、升职无望、体质不佳、借贷无门、办事受阻、无故受挫等。不管你喜欢不喜欢，不管你愿意不愿意，挫折随时都可能翩翩而来。

应该怎样看待挫折，怎样面对挫折呢？

“自古英雄多磨难”，历史上许多仁人志士在与挫折斗争中创出了不平凡的业绩。司马迁在遭受宫刑之后，发愤著书，写出了被鲁迅誉为“史家之绝唱，无韵之离骚”的名著《史记》。音乐家贝多芬，一生遭遇的挫折是难以形容的。他17岁失去母亲，32岁耳聋，接着又陷入了失恋的痛苦之中。可贝多芬不消沉、不气馁，他在一封信中写道：“我要扼住命运的咽喉，它妄想使我屈服，这绝对办不到。”他始终顽强地生活，艰难地创作，成为不朽的音乐家。

挫折虽给人带来痛苦，但它往往可以磨炼人的意志，激发人的斗志；可以使人学会思考，调整行为，以更佳的方式去实现自己的目标，成就辉煌的事业。科学家贝佛里奇说：“人们最出色的工作往往是在处于逆境的情况下做出的。”因此可以说，挫折是造就人才的一种特殊环境。

当然，挫折并不能自发地造就人才，也不是所有经历挫折的人都能有所作为。法国作家巴尔扎克说：“挫折就像一块石头，对于弱者来说是绊脚石，让你却步不前；而对于强者来说却是垫脚石，使你站得更高。”只有抱着崇高的生活目的，树立崇高的人生理想，并自觉地在挫折中磨炼，在挫折中奋起，在挫折中追求的人，才有希望成为生活的强者。

挫折是我们最挑剔的朋友，它时时刻刻都在准备与你翻脸。但是不管怎么说，它最终还是你的朋友，当你真正接纳了它并且决心战胜它的时候，你就会发现原来它也挺忠诚的。

挫折又是一剂良药，它有着“良药苦口利于病”的功效。你也许遇到过什么重大挫折，那时你会很悲伤，但你是否觉得软弱不是办法。这时你就应该抬起头来，向生活挑战，你会惊讶地发现，挫折不过如此。

挫折还是人生道路上的基石，没有经历坎坷，怎能认识到坦途的平稳，而没有基石，又怎会有坦途。

挫折只是对意志的考验，只要有坚强的意志，就一定能登上成功的顶峰。

只有善待挫折，你才能在逆境中学会生存，才会历经苦难而事业成功。

对于挫折只能去面对它、正视它，坚持自己心中必胜的信念，相信这些挫折不算什么，再大的险阻困难也能承受。历史上的名人志士哪一个没有在自己的生命之旅中受过挫折？正所谓“宝剑锋从磨砺出，梅花香自苦寒来”，只要能坚定信念，勇敢去挑战挫折，就可以拨云见日，踏上成功的大道。

只有那些经不起风浪，不敢接受挑战的人，才会被挫折吓倒，对于真正心中充满了热情、怀有坚定信仰的人，挫折不过是一顿午饭中吃出来的一粒小石子，第一次咬到时也许是碰痛了牙齿，但只要辨清它的方向，确定它的位置，就可以把它从口中的食物中分离出来，并抛弃它。

通向荣誉的路上，并不铺满鲜花，还潜伏着种种挫折。遇到挫折就勇敢去挑战它吧！记住，挫折并不可怕，可怕的是一个人已经失去了面对挫折的勇气！

不经历风雨，怎能见到彩虹

胜败乃兵家常事。在人生的征途上，从起点到终点，迎接我们的既有鲜花和阳光，也有荆棘和阴霾，如果我们因为害怕挫折、害怕失败而放弃尝试，那么永远也不可能成功。

失败如同新鲜空气中夹杂的沙子，如果你因为害怕沙子而关掉窗户，那么你永远也得不到新鲜空气。想赢就不要怕输，输并不可耻，相反倘若能正确地看待失败，并从中总结出经验和教训，才能离成功更进一步。

亚伯拉罕·林肯是美国第16任总统，也是世界历史上非常伟大的人物之一。他的一生是不平凡的一生，从他的人生经历中我们可以深刻地体会到他的人生格言："要想成功就不怕失败。"

1809年2月12日，林肯出生在肯塔基州哈丁县一个清贫的农民家庭中，为了谋生，年轻的林肯走上了从商的道路，不料22岁那年，他生意失败，损失惨重。于是，林肯应征入伍，退伍后，当地居民推选热心公务活动的林肯为州议员候选人，但是他的初次竞选没有成功。于是他再次走入商业，可惜的是由于投资失败，他的生意再次以失败告终。不过这些都没有让年轻的林肯心灰意懒，他利用闲暇时间大量阅读历史和文学书籍，希望通过自我提高而有机会能够再次竞选州议员。功夫不负有心人，由于他对公众事业的热心，以及他精彩的政治演说，终于在1834年被选为州议员。

然而，就在他的事业刚刚有所好转的时候，他的未婚妻去世，带给他巨大的伤痛。林肯在27岁那年精神崩溃，不得不在家休养。29岁那年，林肯参加州议长竞选，由于准备不充分等原因，这次竞选失败。34岁那年，林肯参加国会议员的竞选，依然以失败告终。事隔3年，林肯再次参加国会议员竞选，3年前的失败给了他准备方向和竞选的经验，这一次他成功了。然而，在连任国会议员的大选中，林肯又惨遭失败。

共和党成立以后，林肯加入并在1856年参加了共和党的副总统候选人竞选，他坚持奴隶制应该废除，但必须通过和平的方式来废除。他的这次竞选虽然没有成功，但大大扩大了政治影响，为他将来的政治旅途铺平了道路。经过数年的坎坷探索，1860年，林肯成为共和党的总统候选人。同年11月，选举揭晓，林肯以200万票当选为美国第16任总统。遥想他之前的政治生涯，历经过多少次失败，才有了今天的成功。可以说，是一种神秘的力量将林肯从小木屋推向了白宫，而这种神秘的力量就是不服输的精神。

马克思曾高度地评价过林肯："他是一个不会被困难所吓倒，不会被失败所挫败，不会被成功所迷惑的人。他不屈不挠地迈向自己的伟大目标，而从不轻举妄动，他稳步向前，而从不倒退。"

对于我们普通人也是如此，我们不应该害怕失败，失败并不是说明你不行，而是在你成功的道路上对你的锻造。哪一块金子不是经过千锤百炼才出炉的呢？人的一生，不是随随便便就能成功，谁不是经历了风雨才能见到彩虹的？事业的失败，婚姻的失败，学业的失败都算不了什么，这些或许都是为了你人生的成功而不得不经历的锻造。记住，在哪儿输了，就要在哪儿爬起来，继续前进。如果害怕失败而驻足，那么永远也看不到美好的终点。

在挫折中奋起，在逆境中前行

没有一个人愿意遭遇挫折，但是每个人都难免不遇到挫折。很多人在面临挫折的时候会气馁，认为自己不行了，既然不行了，那还努力做什么？于是，放弃吧，别动了！

一位哲人曾说：“失败，是走上更高地位的开始。”只有经过多次失败，才会得到多次经验；只有经过几次教训，才能成熟起来。如果不肯承认失败，就永远不会有进步。许多人之所以获得最后的胜利，就是受益于他们的屡败屡战。一个没有遭遇过大失败的人，根本不知道什么是大胜利。事实上，只有失败才能给勇敢者以果断和决心。

要测验一个人的品格，看他失败之后的行动就是最好的方法。看他是否在失败后又激发起新的智慧，激发起内心潜在的力量；看他是有更强的决断力，还是变得心灰意懒。

人都会产生挫折感，但每个人的感受程度不同。有人觉得天崩地裂，从此一蹶不振，有人却从挫折中吸取教训，从挫折中奋起。从某种角度来说，你要感谢挫折，挫折使人成熟，让人清醒，促人奋进。当然，挫折对心理影响的消极成分远远大于积极成分。

挫折会引起焦虑、紧张、苦恼、失望等消极情绪反应，减弱自控能力，发生行为偏差。所以，需要建立挫折的心理适应机制。对挫折的适应有积极型和消极型两种。积极的适应如：合理的攻击、理由化、积极补偿、重新确定目标、更加努力、升华等。消极的适应如：肆意攻击、消极补偿、孤立、固执、退化、压抑等。前者比后者更能从根本上达到减轻心理紧张、缓解情绪的目的。

一旦遇到计划不如预期、成绩不好、工作不顺、失恋等情况，很多人便认定了这些事就代表了失败。其实，人们所遇到的挫折和失败，都只是一种考验，这些不顺遂的事情充其量也不过是一种不完美的结果而已。当天不从人愿的情形发生时，就不应该把这种情形称作失败，更不要因此而气馁，并且产生种种负面的情绪和消极的想法，所谓的失败就是你停止了尝试，因为，只有当自己放弃的时候，才能叫作真正的失败。

在你遭遇到挫折之后，如果你只是唉声叹气，从此一蹶不振，并且消极面对人生，却不去挖掘自己潜在的力量，不去重新奋战，那么等待你的只能是更多的挫折。只有在遭遇挫折之后不气馁，激发自己内心能量的人，才能向更高的目标发起挑战。暂时遇到了困难和挫折，你可以先退下来，但你一定要思考更新的方法，重新起步，这样才不失为明智之举。如果你觉得已经失败多年了，再试也没有多大用处。那么你就太自暴自弃了！你应该确信，无论成功有多么遥远，失败的次数有多少，最后的胜利仍然会属于你。

既然生命还没对你说“不”，你又何必未战先降呢？不是因为有些事情难以做到，而是因为你失去了继续奋斗的勇气和决心，才显得难以做到。很多时候，你是因为害怕听到别人的“不”，所以先对自己说“不”，不给你机会的，其实一直都是你自己。

“跌倒了，再站起来，永不气馁，绝不放弃，在失败中求胜利。”无数成功者都是这样成功的，这也是对那些即将失去信心的人最好的忠告。

第6章

跳蚤效应：心有多大，舞台就有多大

生物学家往玻璃杯中放入一只跳蚤，跳蚤轻易地就跳出来了。再把这只跳蚤放入加盖的玻璃杯中，结果它一次次跳起，一次次被撞。最后，这只跳蚤变得聪明起来，它开始根据盖子的高度来调整自己所跳的高度。一周之后取下盖子，而跳蚤却再也跳不出来了。这就是跳蚤效应的由来。

跳蚤变成“爬蚤”并非自身已失去跳跃能力，而是由于一次次受挫后学乖了，习惯了，麻木了，行动的欲望和潜能被自己扼杀！

跳蚤效应说明，“自我设限”是一件悲哀的事情，害怕失败会导致失败。要想获得成功，就要打破自我设限的心理高度。心有多大，舞台就有多大，只要你有成功的信心，你就能找到施展才华的舞台。

态度决定高度，人生不设限

在成长的过程中，我们会遭受外界（包括家庭）太多的批评、打击和挫折。在这样的境地中，有的人奋发向上的热情、欲望被“自我设限”压制封杀，既对失败惶恐不安，又对失败习以为常，丧失了信心和勇气，渐渐养成了懦弱、犹疑、狭隘、自卑、孤僻、害怕承担责任、不思进取、不敢拼搏的精神面貌，与生俱来的成功火种过早地熄灭。

成功是每一个人的梦。这个梦与生命同在，至死方休。按照弗洛伊德的理论，人生来就有“做伟人”的欲望。“做伟人”其实就是“成功”的集中表现。弗氏之后的一些心理学家经过研究，也得出一个相似的结论：不论民族、文化、历史、家庭、性别和年龄，人天生就有爱受赞美、喜爱人尊重的强烈愿望和倾向。这是人的共性。因此，可以这么说，成功的渴求与生俱来——因为，成功是获得赞美与尊重最有效的途径。

正如美国的约翰·杜威所认为，人类本质里最深远的驱策力是“希望有重要性”。以至于有些罪犯自述，他之所以纵火、杀人就是为了让人们知道他，亲眼看见别人一听到他的名字就如同五雷轰顶，那是他最感满足之处。

追求成功是人类的本能。人为成功而来，也为成功而活。

绝大多数人能坚韧不拔地走完人生历程，就是因为成功的渴望始终存在。把它称作信念也好，使命也好，责任也好，任务也好，总有期盼和牵挂，总有要完成的欲求。否则心有不甘，难以瞑目。成功意味着富足、健康、幸福、快乐、力量……在人类社会里，这些东西总能获得最多的尊重和赞美。人人追求成功。普天之下，无论贫富贵贱，有谁会站出来说：我不想成功，我不愿成功？！

成功始于心动，成于行动。要解除“自我设限”，关键在自己。西方谚语说得好：“上帝只拯救能够自救的人。”成功属于愿意成功的人。成功有明确的方向和目的。你不愿成功，谁拿你也没办法；你自己不行动，上帝也帮不了你。成功并不是一个固定的蛋糕，数量有限，别人切了，你就没有了。不是那样的，成功的蛋糕是切不完的，关键是你是否去切。你能否成功，与别人的成败毫无关系。只有自己想成功，才有成功的可能。

洛克菲勒曾对儿子说：“我记得我曾对你说过你在现在这种年龄，务必做好的事情就是想好10年之后从事什么工作，你对将来必须具有想象力。”

无论你现在处于什么环境，你要在心里问自己一个重要的问题：我将来想成为什么人？无论是否有人对你说过“这是不可能的”，这对你来说并不重要；在你的生活中是否还有这样的人存在也不重要，重要的只有一点，如果有一个人不同意这个说法，那这个人就应该是你自己。

你绝不能认定你的生命已经“过去了”。因为，如果你不抓住自己的梦想，那就没有人会这样做了。扼杀你梦想的还有另一个陷阱，就是那种认为眼下还不能追求自己梦想的想法，也就是说现在还没到适当的时候。你要相信，根本不存在开始一件新事情的最佳时刻。每当你推迟开始做一件事情时，你离它也就又远了一步。

发掘潜能，你的能量超乎你想象

人的潜能是无限的，但是被挖掘出来的却很少，很大一部分原因是人们习惯了自己的现状，懒得去改变。但是当受到外界刺激不得不做出改变的时候，潜能就爆发出来了。

一位名叫史蒂文的美国人，因一次意外导致双腿无法行走，已经依靠轮椅生活了20年。他觉得自己的人生没有了意义，喝酒成了他忘记愁闷和打发时间的最好方式。有一天，他从酒馆出来，照常坐轮椅回家，却碰上3个劫匪要抢他的钱包。他拼命呐喊、拼命反抗，被逼急了的劫匪竟然放火烧他的轮椅。轮椅很快燃烧起来，求生的欲望让史蒂文忘记了自己的双腿不能行走，他立即从轮椅上站起来，一口气跑了一条街。事后，史蒂文说：“如果当时我不逃，就必然被烧伤，甚至被烧死。我忘了一切，一跃而起，拼命逃走。当我终于停下脚步后，才发现自己竟然会走了。”现在，史蒂文已经找到了一份工作，他身体健康，与正常人一样行走，并到处旅游。

史蒂文残疾了20年，竟然因为一次意外而奇迹般地康复了，这说明了什么？人的潜力到底有多大，谁也说不清楚，甚至自己也说不清。我们习惯了自己现在的样子，不想做出什么改变，也没有想过要去做一些看起来自己做不到，但是经过努力却能做到的事情。当我们的生命受到威胁时，求生的欲望战胜了一切，所以竟能在瞬间爆发出如此大的能量，这不能不说是一个奇迹。著名作家柯林·威尔森曾用富有激情的笔调写道：“在我们的潜意识中，在靠近日常生活意识的表层的地方，有一种‘过剩能量储藏箱’，存放着准备使用的能量。就好像存放在银行里个人账户中的钱一样，在我们需要使用的时候，就可以派上用场。”

如果我们在平常的日子里能试着去挖掘自己的潜力，是不是可以比现在的自己在很多方面做得更好呢？掌握挖掘自己潜力的方法也是很重要的。

我们每个人都要学会积极归因。当自己取得进步时，可以归功于自己的努力，这样会激发自己继续挑战自己的欲望；也可以把自己的进步看成是自己实力的体现，这样你会对自己以后进行的挑战更有信心，因为你相信自己的实力。

习惯往往是人们拒绝去挖掘自己潜力的一个重要因素。它就像一个能量调节器，好习惯自发地使我们的潜能指引思维和行为朝成功的方向前进，坏习惯则反之。好习惯会激发成功所必需的潜能，坏习惯则在腐蚀有助于我们成功的潜能宝库。

人一旦习惯了安逸的环境就变得迟钝起来，很难看清外界的变化。当这些变化累积到足以让你的人生陷入低谷的时候才恍然大悟，但是这个时候往往已经太晚了。所以，在风平浪静的时候要养成好的习惯，主动挖掘自己的潜力，如可以尝试一些自己以前从未做过但是很有兴趣的事情。也许经过尝试，你会发现自己做得很好，这就相当于又找到了一条成功之路。

开发潜能，挑战自己的身心极限

人究竟具有多大的潜能？开发的极限是什么？谁都无法回答。看来，其实我们每个人都可以活得比现在卓越，因为我们并没有达到自己的人生极限。

现代科学显示，一个正常人只运用了全部能力的10%，甚至6%。有人估计人能记忆的东西相当于5亿册书那么多，但通常人们所展示出的记忆力还不及10%；人的想象力也不过展示了15%；人的听觉、嗅觉、视觉等均未得到充分利用；人本应活到150岁，现在平均还活不到70岁。人的很多潜能尚未见过“天日”，就伴随生命的终结而无影无踪了。这不仅仅是人类的遗憾，更是人类的巨大悲剧。

随着早期教育的普及和终身学习的推广，人们的心理发育提前，衰老期会推迟，即成熟期延长，日后从幼到老每个阶段的潜能都将放出奇光异彩，社会的发展和科学技术将达到空前的发达。人们为了自己的目标和愿景，会不断开发自己的潜能，实现自己的人生价值。

所谓“潜能”通常是指一个人智力、身体、心理素质等方面存在的发展可能性。

潜能包含两层意义，一层意思是指潜力。所谓“潜力”，指那些露于外而未发的才力。以智力、能力等来说，你本有歌唱天赋，而且你也喜欢，你发现了自己的天赋，但你并没有成为一位伟大的歌唱家，而只是“大材小用”，完全被当作一种业余爱好，甚至从来不敢想自己会成为大歌唱家。这时你的歌唱能力就只能说是一种“潜力”，需要你进一步发掘、发展才能修成“正果”。潜能的另一层含义，则是指那些蕴藏于大脑之内尚未开发的智慧、智谋、智略等。这层意义上的潜能一般不能为人所知，只有等待日后开发出来，但也许会跟你的肉体一起消失，成为一抔黄土。举一个例子，假设还是刚才的那人，他可能具有天生的体育才能，只不过这一才能深藏于大脑之内，任何人包括他自己都无法意识到更不用说发挥这种才能，有潜能而没有发挥出来就等于没有潜能。因此，潜能要转化为实际的才能并不是自然而然的，它需要我们去发现自己，设计自己。

一般来说，一个人的才能取决于他的天赋，而天赋又难以改变。实际上，大多数人的志气和才能都潜伏着，必须要外界的东西予以激发才能爆发出来，潜能一旦被激发并能加以关注和引导，就能发扬光大，否则人终将渐渐被磨去棱角，一事无成。

因此，如果人的潜能不能被激发并发扬光大，那么，其固有的才能不但不能保持，还会变得迟钝并失去它原本的力量。

爱迪生说："我最需要的，就是有人叫我去做我力所能及的事情。"表现"我"的才能的最好途径，就是先去做"我"力所能及的事情。恺撒、罗斯福未必能做的事情，也许"我"能够做，只要尽"我"最大的努力，发挥"我"所具有的潜能，就有可能取得成功。潜伏在绝大多数人的体内的潜能都是巨大的，但这种潜能酣睡着，只有被激发，才能做出惊人的事业来。

引爆潜能，你也可以创造奇迹

根据人的生长规律，由于在生命成长的各个阶段以及遗传基因的不同，每个人都具有各种潜能。潜能开发的本质是把你天生的智慧潜质谆谆诱导出来，激活你已拥有的知识和掌握新知识的能力。

潜能开发在不同年龄段都可以进行，而且人的潜能有别于自然资源。自然资源越用越少，可人的潜能越开发越多，即大脑越用越聪明。

世界上最激动人心的奇迹有很多是遭遇困难而有残疾的人谱写的。如耳聋的贝多芬为世人留下了很多的旷世之作；19世纪轰动世界的美国著名学者海伦·凯勒，她自幼是个全聋、全盲的女孩，可是，她却考入了哈佛大学，并且成为一位受人爱戴的演说家、作家，她曾在欧洲各地演讲，真是不可思议。中国高位截瘫的张海迪也是现实生活中的英雄。这些人给每位健全的人展示了人的潜能是多么巨大而惊人。

对于健全人来说，奇迹更随处可见或可闻。由于因特网的普及和人们重视幼儿教育，“神童”也越来越多了（是不是真正的神童或早慧尚无科学鉴别方法，诸如速算天才，3岁扫盲，7岁学完初二功课等）。

人的潜能是无限的。柏拉图曾指出：“人类具有天生的智慧，人类可以掌握的知识是无限的。”人类大约有90%～95%的潜能都没有得到很好的利用和开发，我们每个人都有巨大的潜能等待发掘，有永远待于被激发的无限潜能。

一个人的潜能是需要被挖掘、被激发的，在没有被完全激发出来以前，这个人永远不知道他自己的潜能有多大。一些人之所以与成功失之交臂，并非他缺少才华或能力，而是他不知道如何发挥自身的无限潜能。

所以，别再怀疑自己，别再小看自己了！从现在开始，全力开发你身心中蕴藏的潜能，一旦你的潜能被开发、被引爆，你就会获得源源不绝的能量，你就会创造出惊人的奇迹来！

激励自我，飞向梦想的高远天空

“天生我材必有用！”世界上的每个人都是肩负着某种使命而来的。

年轻时，我们每人的内心深处似乎都回荡着一种声音，如能成为歌星、影星、球星、政治家、科学家等。

现在要谈的是我们如何才能实现这种理想。

1. 发现和肯定自己是基础

处于这样一个竞争激烈的时代，我们应该相信自己并认可自己独一无二的作用，我是最优秀的，这一点不能怀疑，我们要善于发现和肯定自我，发现自己的优势所在，做自己的伯乐，然后勇于毛遂自荐，肯定自己也是自信，是对自己的正确评价和积极进取的态度，只有敢于肯定自己才能实现自己的最大价值，这是前提条件。不怕失败，没有人会一帆风顺，前进路上总会有曲折坎坷，这种情况下，我们更需要不断地肯定自己。

2. 善于尝试

敢于尝试比停留在认识层面上去肯定自己重要得多，这也是发现自己潜能的最好办法，尝试才有机会，才有认识自我和发展自我的机会。有勇气尝试是第一位的，因为尝试可能会遇到无数的挫折和失败，但更有可能的是成功，是自我价值和潜能的真正实现。不尝试永远不会成功，永远是一穷二白。

朱朝辉如果不尝试骑摩托车飞越黄河壶口瀑布，他将永远不会出名，也无法知道自己居然有这样的潜能。

3. 具有想象力

想象力是腾飞的翅膀，没有想象世界将一片茫然，也不会有今天的繁华如梦；没有想象人类也不可能征服自然，成为地球村的主人；没有想象就不可能有今天的“信息高速公路”；没有想象……在这样一个需要创新的时代，我们要大胆拥有想象力，说不定就因为你的想象而使世界改变了，人类实现了飞跃。

只有想象才能更好地发挥我们的最大潜能，让自己插上翅膀，飞向梦想的高远天空！

第7章

蘑菇定律：没有茧中蛰伏，哪来羽化成蝶

蘑菇定律由20世纪70年代美国一批年轻的电脑程序员在工作过程中总结提出，指初入世者常常会被置于角落，不受重视或打杂跑腿，得不到丰厚的报酬，得不到必要的指导和提携，接受各种无端的批评、指责、代人受过等，处于自生自灭中。

蘑菇生长必须经历这样一个过程，人的成长也会经历这样一个过程。无论你是多么优秀的人才，在刚开始的时候，都只能从最简单的事情做起，就像蘑菇的经历一样从最阴暗的角落成长起来。

蘑菇经历：人生的一笔宝贵财富

惠普公司前CEO卡莉·费奥瑞娜从斯坦福大学法学院毕业后，做的第一份工作是一家地产公司的电话接线员，每天的工作就是打字、复印、收发文件、整理文件等杂活。虽然父母和亲戚朋友对她的工作感到不满，认为一个斯坦福大学的毕业生不应该做这些，但她没有任何怨言，继续边努力工作边学习。一天，公司的经纪人问她能否帮忙写点文稿，她点了点头。正是这次撰写文稿的机会，改变了她的一生，她后来发展成为惠普公司的CEO。

每个人都希望生活如沐春风、如鱼得水；每个人都渴望得到老板、领导的赏识和重用；每个人都向往事业高升、飞黄腾达，但没有谁会白白地送给你这一切，只有用你的忍辱负重和坚韧不屈去赢取。

这段忍辱负重的经历就像蚕茧，是羽化前必须经历的一步，也只有那些能够忍受这一切的人才能得到阳光普照的机会。就拿模特这个职业而言，当他们光鲜亮丽、璀璨夺目地站在T型舞台上时，人们赞赏他们的美丽，但他们背后付出了多少艰辛，又有谁知道。

人的成长就像蘑菇生长一样必须经历一个漫长、痛苦的煎熬和磨炼过程，才能成才。既然是必经阶段，我们就应该坦然面对，欣然接受。

经过这个阶段的磨炼，就会熟练地掌握到当前从事工种的操作技能，提升一些为人处世的能力，以及挑战挫折、失败的意志。从这个意义上来说，“蘑菇经历”是人生的一笔宝贵的财富。

职业道路上的磨炼，不是舞台上的演出，不仅需要进入角色，还要承受现实生活的种种不幸，经历事业上屡挫屡败的痛苦。事业中总有种种不如意，但一个意志坚强的人，却能将逆境变成顺境，能在挫折中找到转机。相反，有许多人，因为缺少生活的磨炼，一旦遭遇突如其来的挫折或不幸，一次输给了自己，就永远地输给了自己。

刚刚踏入社会的职场新人，往往抱有不切实际的幻想，期望着拥有一份挑战与乐趣并存、薪酬丰厚的职业，而事实上，初涉职场的年轻人由于缺少经验、缺少对单位的理念文化的了解，很难被委以重任，当期望与现实发生矛盾时，便又往往丧失信心、失去对工作的热情，工作时容易采取敷衍应付的态度。因此，职场新人应调整心态，老老实实做人，踏踏实实做事，这对于他们走出职业生涯的那段蘑菇期是最基本的。

融入环境，从“蘑菇堆”里脱颖而出

当你到了一个并不满意的公司，或者被分配在某个不理想的岗位，做着无聊的工作时，要学会适应。这是因为，要想改变环境，前提便是先适应环境。

从学生到职场新人，从较单纯的学校走向纷繁复杂的社会，最重要的是适应性问题。学生有学生的行为标准和思考模式，职场人有职场人的行为标准和思考模式，二者是完全不同的，因此，要沉下心来，学会独立思考，独立行事，学会承受和忍耐，少说多做，努力适应工作环境，融入团队组织。

凡有组织，就离不开人际关系。尽管现在是一个“契约社会”，但是，如果把各种关系都建立在白纸黑字的契约上，毫无通融余地，则会被认为是冷酷无情。事实上，人与人之间如果没有信赖关系，工作是一步也没办法进行的。我们常会需要借助别人的力量，而这种互相信任的关系则是不分组织内外的。

在组织内，最重要的是先把自己办公室的人际关系搞好。办公室的工作方式是以团体主义为主的。每个人不但要坚守自己的岗位，更要互助合作，互补长短。如果办公室的向心力很强，大家就会愿意为所有的同伴努力。如果小团体的每个成员都有深厚的凝聚力，那么温馨的人际关系就形成了。

人类是一种群居的动物，自然要有群体归属感。如果和群体相同时，我们本能上就会觉得放心，万一和群体不同时，就会产生不安的感觉。有人对通过穿制服来强调“团体性”不以为然，但实际上，外在的融合可能会对内在的心情产生效果。所以，即使你还不能习惯组织内的穿着风格，也请把自己喜欢的服装保留在假日穿。到公司上班时，还是穿着适合组织环境的服装，从外表给自己一些规范比较好。

礼貌是同样重要的。无论哪一个公司都会对新进人员进行商业礼貌的课程培训。在刚进公司时，要注意学习对待顾客的方式、交换名片、自我介绍的方法，接电话、打电话和交谈的方式等的礼貌用语。这些都是基本的企业规范，触犯它们不但会让你成为众人侧目的异类，也可能给组织造成损失。

作为职场新人的“蘑菇”，怎样才能尽快成长？关键是在融入一个团队，从团队中获得尽可能多的营养和支持，以尽快地钻出地面。当你真的从“蘑菇堆”里脱颖而出时，人们就会认可你的价值。请记住达尔文的忠告：要想改变环境，必须先适应环境。

每个优秀的人，都有一段沉默的时光

职场如同竞技场，人的一生几乎一半以上的时间是在职场中拼搏，然而不少职场人却总是郁郁寡欢，尤其是刚刚步入工作环境的年轻人，表示自己不快乐，抱怨工作不顺，认为自己收入太少，在单位得不到重视。“我本将心向明月，奈何明月照沟渠”，这句话最能体现他们的心声。

对于很多的职场人士而言，当他们回忆起人生的第一份工作时，恐怕“蘑菇定律”是他们对于新工作最深的感悟了。在那段岁月中，他们得不到重视与尊重，被随意驱使，尽管他们的学历与潜力或许比组织中的老成员更有优势，但可能他们需要为那些老成员买咖啡、打扫卫生，他们也鲜有在公司中表现的机会，所做的工作与初入公司的梦想差距甚大，甚至感到自己的未来就要湮没在这种琐碎没有成就感的工作中。

从企业的角度来看，由于聘用新人往往意味着风险，除了那些空降到公司的高端人才外，大多的新员工都会经历一段类似蘑菇的阴暗时期，如果他们真正是符合公司要求的人才，便会渐渐地从阴暗的角落被迁到阳光的地方，被组织委以重任，在公司中获得发展的时机。由此可见，对于新员工而言，最初的“蘑菇时期”更像是一段羽化的过程，在这个阶段，新员工日渐了解公司的企业文化、熟悉公司内部的人际交往、明晰不同部门之间的分工与合作，为以后在组织的发展打下坚实的基础。

虽然蘑菇定律是组织运行的一条潜规则，但很多的职场新人都难以忍受类似蘑菇的职场磨合期，自恃拥有本科或研究生的学历，不愿意放下身段去做一些不起眼儿的小事情，即使做这些小事情时，也心怀愤懑，甚至不惜挑衅组织和组织中的人员，以怀才不遇的心态离开组织。然而，蘑菇定律作为成员在组织发展普遍的规律，初入职场的新人应明白这是职场发展的必经阶段，在这个过程中，注重学他人所长累积工作经验，才是缩短“蘑菇期”的有效途径。

默默耕耘，唯有埋头方能出头

古人说：“唯有埋头，乃能出头。”种子如不经过在坚硬的泥土中挣扎奋斗的过程，它将止于是一粒干瘪的种子，永远不能发芽成长成一株大树。

许多有抱负的人忽略了积少才可以成多的道理，一心只想一鸣惊人，而不去做埋头耕耘的工作。等到忽然有一天，他看见比自己开始晚的、比自己天资差的人，都已经有了可观的收获，他才惊觉到在自己这片园地上还是一无所有。这时他才明白，不是上天没有给他理想或志愿，而是他一心只等待丰收而忘了播种。

因此，单是对自己那无法实现的愿望焦急慨叹是没有用的。要想达到目的，必须从头开始。所谓“登高必自卑，行远必自迩”，正如爬山，你只要低着头，认真耐心地去攀登，到你付出相当的辛劳努力之后，登高下望，你才可以看见你已经克服了多少困难，走过了多少险路。这样一次次的小成功，慢慢才会累积成大的更接近理想目标的成功。

最终的目标绝不是转眼之间就可以达到的，在未付出辛劳艰苦和屈就的代价之前，空望着那遥远的目标着急是没有用的。唯有从基本做起，按部就班地朝着目标行进才会慢慢地接近它、达到它。

有时候，也不是我们对自己食言，而是缺乏成功所要求我们付出的相应的毅力和持之以恒的精神。很多时候，成年人和小孩子是一样的。成年人也喜欢玩乐，喜欢游戏，喜欢拖延，或许比小孩子更缺乏自制力。当我们需要面对为成功而设计的计划时，当我们需要开始做出具体的行动时，痛苦就来了。

举个简单的例子。你准备出国读MBA，这是你的近期目标；你的远期目标是当你拿到学位时，你要在国际大都市的跨国公司里谋得一个职位，然后从那个起点上进行新的人生奋斗，成为一个全方位的高级国际管理人才。这个目标无疑是美好的，但你得为实现这个目标开始付出努力。你得准备TOEFL、GRE、GMAT。当你需要坐在桌前面对英文资料时，你就会觉得辛苦。那种每天、每夜需要付出的实际努力，才是对你的真正考验。大量的记忆、重复枯燥的练习会令你很容易就觉得厌倦，电影、书籍、娱乐、美食在时时向你发出诱惑。如果没有足够的毅力，你很容易放松对自己的要求，向这些诱惑投降。

“登高必自卑，行远必自迩。”埋头苦干的人往往能够脱颖而出，施展才华，实现抱负，因为他们不骄傲，不强势，不甘于现有的成绩，这样的人能不断地接近目标。

脚踏实地，一步一个脚印走向成功

蘑菇定律告诉我们：房屋是由一砖一瓦堆砌成的；足球比赛的最后胜利是由一次一次的得分累积而成的；商店的繁荣也是靠着一个一个的顾客创造的；历数每个重大的成就都是一系列的小成就累积成的；进步是一点一滴不断努力得来的。

有个少年想成为少林寺最出色的弟子，他问大师："我要多少年才能那么出色？"

大师回答说："至少10年。"

少年说："10年时间太长了，如果我付出双倍的努力，需要多长的时间？"

大师回答："20年。"

少年又问："如果我夜以继日地练习呢？"

大师回答说："30年。"

少年灰心了，他不解地问大师说："为什么我每次说更加努力，你反而告诉我需要更长的时间呢？"

大师说："当你一只眼睛只顾盯着目标时，那么只剩下一只眼睛去寻找道路了。"

这个故事说明了一个道理，做事不要急于求成，踏踏实实一步一个脚印，只要你付出了努力，就会有好的结果。

初入世的人要知道，绝大多数人都要经历蘑菇的萌发过程，而且也是必需的，蘑菇出世没有人会刻意注意，相反在磨掉棱角适应社会的过程中，在最单调的工作中学习，认真对待每一件事情，多做事少抱怨，主动自发学习，在不被人注意的时候每天都激励自己，才能有所作为。只有在逆境中挣扎，才能激起战斗欲，才能更加奋发图强，才能离成功更近，不要把工资看成衡量价值的唯一标准。

古人云："故天将降大任于斯人也，必先苦其心志，劳其筋骨，饿其体肤，空乏其身，行拂乱其所为，所以动心忍性……"要找到自己的定位，选择自己的道路。在组织中，把忠于集体放在首位，通过坚持不懈的努力，终将会脱颖而出获得成功。

完成从"蘑菇"到"灵芝"的蜕变

初出茅庐的年轻人应该时刻清楚：在我们正处于"蘑菇"的成长期时，不要一味强调自己是"灵芝"，这样反而有百害而无一利，要利用现在的环境加快成长的步伐才是关键所在。

以下三大方法有助于你顺利度过"蘑菇时期。"

1. 从最底层做起，认真面对现实，消除一切不切实际的幻想

很多年轻人走出校园时，认为自己一开始工作就应该得到重用。但由于缺乏工作经验，也缺乏担当重任的能力，所以只有经过一段时间的磨炼，消除不现实的幻想，稳扎稳打，练好自己的基本功，踏踏实实地做好自己的工作才能慢慢成长起来。

2. 加速适应社会的步伐，更好地融入社会

要想在职场上游刃有余，不仅要有专业的知识和技术，还要有各种社交能力。那些办事能力强、工作积极的人，都有某些共同的行为标准和思维模式。职场新人如果能适应职场中的行为模式，往往能在最初一段时间的“蘑菇时期”后，快速适应社会。

3. 取得成绩要知不足，避免沾沾自喜

对于初出茅庐者来说，在做完工作、取得成绩之后，总是希望上司和同事会注意自己，并得到他们的承认和赞扬。事实上，并不是每一点成绩都会被别人看在眼里。因此，避免沾沾自喜的心态，沉下心来，考虑还有哪些方面的不足，如何才能做得更好，为了取得更大的成绩，应脚踏实地，一步一个脚印走下去。

第8章

酸葡萄甜柠檬定律：快乐的精神胜利法

酸葡萄甜柠檬定律，指当自己的行为不符合社会价值标准或未达到所追求的目标时，人们便有一种自我安慰的心理机制，即认为得不到的都是不好的，得到的都是好的。

自我安慰：快乐需要自己找

《伊索寓言》中有这样一个家喻户晓的故事：一只饥饿的狐狸路过果林时，发现了架子上挂着一串串的葡萄，垂涎三尺，可自己怎么也摘不到。就在很失望的时候，狐狸突然笑道："那些葡萄没有长熟，还是酸溜溜的。"于是高高兴兴地走了。事实上，葡萄还是没吃到，狐狸仍是饿着肚子，但一句自我安慰，却让它走出了沮丧，变得快乐起来。

寓言中的狐狸，通过自我安慰，没吃到想要的葡萄也开心，属于典型的酸葡萄心理。这种心理，属于人类心理防卫功能的一种。当人们的需求无法得到满足，便会产生挫折感，为了解除内心的不悦与不安，人们就会编造一些理由自我安慰，从而使自己从不满等消极心理状态中解脱出来。

实际生活中，酸葡萄式的自我安慰比比皆是。例如，没有找到男女朋友的单身族，常常会说"一个人最好，多自在啊"；没考上名牌大学的人，常常会说"读名牌大学有什么好，竞争力那么强，早晚会累出病"；有些人考试刚刚及格，而同桌却得了优秀，于是就说"一看就是抄袭，投机取巧，没什么了不起的"……

与"酸葡萄"心理相对应的，是"甜柠檬"心理。它指人们对得到的东西，尽管不喜欢或不满意，也坚持认为是好的。就好像一个人拿着青青的没熟的柠檬，偏说自己这个柠檬味道一定很好，会特别甜。何况有柠檬总比没有的好，同样是内心的一种自我安慰。

现实中，人们的“甜柠檬”心理同样比较普遍。例如，你买了一双鞋子，回来后觉得价钱太贵，颜色也不如意，但和别人说起时，你可能会强调这是今年最流行的款式，质地是高档皮料，即使价格贵点也值得。还有，虽然你知道自己的男朋友有不少缺点，但在外人面前，你往往喜欢夸奖他的优点。

关于“酸葡萄甜柠檬定律”，心理学上有一个有趣的实验对此进行了间接的证明。

心理学家招募一定数量的学生来从事两项枯燥乏味的工作。一件是转动计分板上的48个木钉，每根钉子顺时针转四分之一圈，再逆时针转回，反反复复进行半个小时。另一件是把一大把汤匙装进一个盘子，再一把把地拿出来，然后再放进去，来来回回半个小时。

学生们完成工作后，分别得到了1美元或20美元的奖励，同时心理学家要求他们告诉下一个来做实验的人这个工作十分有趣。

结果发现，与一般的预期相反，得到1美元奖励的人反而认为这个工作比较有趣。

这在一定程度上证明了，人们对已经发生的不满意或不好的事情，倾向于通过自我安慰，把事情造成的不愉快等消极影响减轻。

适度的阿Q精神可以增加幸福感

读过鲁迅的著作的人，对于酸葡萄甜柠檬现象，很容易联想到鲁迅笔下的阿Q。众所周知，阿Q有一种独特的精神胜利法，即所谓的“阿Q精神”。例如，阿Q挨了假洋鬼子的揍，无奈之余，就说“儿子打老子，不必计较”，来自我安慰一番，也就心平气和了。

虽然阿Q的自欺欺人心理，过去一直成为人们的笑谈，甚至遭到否定、批判。然而，不少心理学家认为，适度的精神胜利法在心理健康方面是非常有价值的。如果我们懂得合理运用阿Q精神，往往会让自己增加不少幸福感。

生活中，我们每个人都会遇到这样那样不愉快的事，而且很多事情是我们无法左右或改变的。也许你要问，既然如此，我们又该怎么办呢？难道就要为此一味痛苦、哀伤吗？事实上，在这时候，我们不妨使用一下阿Q精神，安慰一下自己，这对于心理调节可能非常有效。

有一次，美国前总统罗斯福家中被盗，他的朋友写信来安慰他。他在回信中说：“谢谢你来信安慰我，我现在很平安。感谢上帝，因为贼偷去的是我的东西，而没有伤害我的生命；贼只偷去我部分东西，而不是全部；最值得庆幸的是：做贼的是他，而不是我。”

可见，像罗斯福那样，遭遇不幸时，换一个角度去看，心情显然就不一样了。曾有人说过：“我因为没有一双像样的鞋穿而苦恼不堪，直到我在街上看到一个人——他没有了双脚。”没错，当“没鞋”的时候，如果想到“没有脚”的人，我们的痛苦和烦恼就显得微不足道了。

不过，无论酸葡萄还是甜柠檬，在某种程度上讲都是一种消极的心理防御方式，就像是一服止痛药，虽能暂时缓解心里的痛苦，但往往会有一些副作用。例如，“酸葡萄”的人说别人不好，很容易影响人际关系，给他人一个“小人”的形象；而“甜柠檬”则容易让人安于现状，不思进取。

那么，如何才能把握好自我安慰的度，做到无副作用的自我安慰呢？

一方面，当遇到挫折或不幸而万分苦恼时，我们应当冷静地分析问题的起因，不要完全陷入“自我”的状态，试着从“旁观者”的角度，客观地寻求解决问题的方法，正所谓“旁观者清”。

另一方面，如果与他人发生冲突或分歧没法解决，觉得一时间想不出什么解决方法。这时，千万不要放弃，不到最后一刻，不要提前为自己贴上“不行”的标签。我们可以采取“位置调换法”，即从对方的角度出发来考虑问题，经过协商、权衡，最终与对方达成谅解。

可见，聪明的幸福者，既要会运用阿Q精神，又要懂得适度运用。

凡事要往好处想，事情就会不一样

有些人始终对自己的生活不满意，总认为自己运气太差。那么，这些人不妨读读这篇文章：

生活是极不愉快的玩笑，不过要使它美好却也不是很难。为了做到这点，光是中头彩赢了20万卢布，得了“白鹰”勋章，娶个漂亮女人，以好人出名，还是不够的——这些福分都是无常的，而且也很容易习惯。为了不断地感到幸福，甚至在苦恼和愁闷的时候也感到幸福，那就需要：善于满足现状；很高兴地感到“事情原来可能更糟呢”。这是不难的。

要是火柴在你的衣袋里燃起来了，那你应当高兴，而且感谢上苍：多亏你的衣袋不是火药库。

要是有穷亲戚上别墅来找你，那你不要脸色苍白，而要喜气洋洋地叫道：“挺好，幸亏来的不是警察！”

如果你的妻子或者小姨子练钢琴，那你不要发脾气，而要感谢这份福气：你是在听音乐，而不是听狼嗥或者猫的音乐会。

你该高兴，因为你不是拉长途马车的马，不是寇克（19世纪德国细菌学家）的“小点（即细菌）”，不是旋毛虫，不是猪，不是驴，不是茨冈人牵的熊，不是臭虫……

如果你不是住在边远的地方，那你一想起命运总算没有把你送到边远的地方去，你岂不觉着幸福？

要是你有一颗牙痛起来，那你就该高兴：幸亏不是满口的牙痛起来。

你该高兴，因为你居然可以不必读《公民报》，不必坐在垃圾车上，不必一下子跟三个人结婚。

要是你给送到警察局去了，那就该乐得跳起来，因为多亏没有把你送到地狱的大火里去。

要是你挨了一顿桦木棍子的打，那就该蹦蹦跳跳，叫道："我多么运气，人家总算没有拿带刺的棒子打我！"

要是你的妻子对你变了心，那就该高兴，多亏她背叛的是你，不是国家。

依此类推……朋友，照着我的劝告去做吧，你的生活就会欢乐无穷了。

这篇文章是契诃夫写的，原本是契诃夫对企图自杀者的进言。

一般人看了以后都会忍俊不禁，幽默诙谐当中的确蕴含了丰富的哲理，寄寓了作家对真诚生活的向往。

将这篇文章伸展开来，我们可以想：

如果虚度了今天，那么就暗自庆幸，还有明天，可以重新开始。

如果错过了太阳，不要流泪，不然就要错过群星了。

如果在刮风下雨的时候，我们正在街上，把雨伞打开就够了，犯不着去说："该死的天，又下雨了！"这样说对于雨滴、对于云和风都不起作用。我们不如说：多好的一场雨啊！这句话对雨滴同样不起作用，但是它对我们自己有好处，同时也可以把快乐传递给别人。

深圳的一次“城市精英”培训班上，有一家公司的总经理在公众面前谈他的成功经验时说：“我其实没有什么成功经验。到今天为止，四十多年来，我每天做的都是很平常的事情。每天我都按计划做我每天的事情，一件事情做完了，接着再做下一件事情。走到今天，应该说我对自己还是满意的，因为，我计划中的目标都实现了。我在深圳有自己的房子、车子、公司，最近又将父母接到了身边，我感到生活让我平实地走了过来，我对生活也充满着热爱，我在生活中学会了平常的付出，而生活却给了我超常的回报。”这也是一种成功。

生活是一面镜子，我们对它笑，它就对我们笑；我们冲它哭，它就冲我们哭。是哭是笑，取决于我们怎么样面对它。每天对自己笑一笑，笑出好心情，笑出自信。每天对自己笑一笑，就是自我调理情绪，给自己一份轻松，让自己有一种良好的心态。

另眼看不幸，将酸柠檬榨成甜柠檬汁

有一个人，他觉得自己从小到大都是一名失败者，失败永远陪伴在他的身边，因此他从来都不快乐。他感到上天不公平，于是，他决定去寻找上帝，询问上帝快乐是什么。这个人翻山越岭，来到河边，见到一位老翁，就走过去问："老人家，快乐是什么？"那位老人回答他："快乐就是每天都能钓到鱼，那就是快乐。"这位年轻人继续他的旅途。他渡过了河，来到了森林中，遇见一个正在赶路的中年男人，就问他："快乐是什么？"那个中年男人回答他："快乐就是每天都能捕获野兽。"

有一位住在佛罗里达州的快乐农场主，他曾创造了一个商业上的奇迹。在他当初买下那块农场时，那里土地贫瘠，各种果树都不适合种植，甚至连养猪也不适宜。除了一些矮灌木与响尾蛇，什么都难以生存，他几乎看不出这块土地还有什么用途。因此一开始，他的心情十分低落。后来他想到个好主意，他决定再投资，开发利用这些响尾蛇资源。于是他不顾大家的反对，他开始把响尾蛇肉加工成罐头。而且，旅游资源也成了他的又一生财之道，每年有平均两万名游客到他的响尾蛇农庄来参观。游客到这里亲眼看见毒液被抽出后送往实验室制作血清，蛇皮被他高价售给制鞋工厂生产女鞋与皮包，蛇肉罐头则运往世界各地。连当地邮戳都盖着"佛罗里达州响尾蛇村"，可见当地人都以这位"把酸柠檬做成甜柠檬汁"的农场主为荣。

快乐的人生态度，总能使人把不幸化为一种机会。哈里·爱默生·福斯迪克曾语重心长地说："真正的快乐不一定是愉悦的，它多半是一种思想上的胜利。”没错，快乐源自一种成就感，一种自我超越的胜利，一种将酸柠檬榨成甜柠檬汁的经历。

每天清晨都告诉自己：生活是如此美好，我感到很快乐。懂得为自己歌唱、为生活歌唱、为生命歌唱的人，快乐就会紧紧相随。当我们快乐时，周围的人受到我们的感染，也乐得心情舒爽、开朗，自然喜欢与我们亲近。

换个角度看得失，横看成岭侧成峰

酸葡萄甜柠檬定律告诉我们，对于相同一件事，如果从不同的角度去看，结论就会不尽相同，心情也会不一样。例如，当你失恋时，与其沉浸在过去的痛苦烦恼中，不如想一想，下一次遇到的人会比错过的这个好很多；当你遇到挫折时，可以想想“失败乃成功之母”，从失败中吸取教训也是一种收获；当遇到丢东西等倒霉事时，不妨想想“塞翁失马，焉知非福”……要知道，现实中几乎所有事情都存在积极性和消极性，如果你只看到消极的一面，只会令自己陷入低落、郁闷之中；相反，如果换个角度，从积极的一面去看，一切也许就会豁然开朗。

烈日、沙漠，两个人艰难地走着，一个人沮丧地说：“完了，我们只有半瓶水了。”另一个人却很高兴，叫道：“太好了，我们还有半瓶水啊！”

有时绝望孕育着希望！失去意味着新收获的来临！当你面对生活中的不如意时，不要沮丧，不要消沉，不要悲伤，不要以为迎接自己的就是失去，要拿出自己的平常心，也许换个角度，就跨越了得与失、苦与甜、喜与悲的界限。

面对人生中的种种不顺心的事情，换个角度想一下，境况就会大不一样。

吃了亏的人说：吃亏是福。

丢了东西的人说：折财免灾。

逃过一劫的人说：大难不死，必有后福。

受人欺负的人说：不是不报，时候未到。

卸任的官员说：无官一身轻。

生不逢时的人常常用阿Q的话说：先前比你阔多了。

没钱人的太太说：男人有钱就变坏。

惧内的丈夫说：有人管着好呀，啥事都不用操心。

夫不下厨，妻跟人说：整天围着锅台转的男人没出息。

住在顶楼的说：顶楼好啊，上下楼锻炼身体，空气新鲜，还不受人骚扰。

住在一楼的人说：一楼好啊，出入方便，省得爬楼梯，怪累的。

被老板炒了鱿鱼，他对人说：我把老板炒了。

换个角度看问题会使我们得到满足，会使我们拥有快乐，会使我们……世界只有一个，但换个角度看，我们就会发现美好的、与众不同的第二个世界。

倘若你的心境因凡尘变得支离破碎，请别消极，请尝试站在新的角度，以一颗积极健全的心去对待生活中的点点滴滴。也只有这样，我们才能轻松、愉悦地走过人生的风风雨雨！

第9章

禁果效应：不禁不为，愈禁愈为

“禁果”一词源于《圣经》里的故事：夏娃被神秘的智慧树上的禁果所吸引，偷吃了禁果，后来被贬到人间。这种禁果所引起的逆反心理现象称为禁果效应。禁果效应也称为“罗密欧与朱丽叶效应”或“潘多拉效应”，指越是禁止的东西或事情，人们越是好奇和关注，充满窥探的欲望和尝试的冲动，更加想得到或知道。

为什么禁果格外甜：当亚当遇见夏娃

俄罗斯有句著名的谚语："禁果格外甜。"谈到这个话题，我们就要先从"禁果"说起。它源自《圣经》，指伊甸园知善恶树上结的果实。

《圣经·创世记》载，上帝为人类始祖亚当和夏娃建了一个乐园，也就是众所周知的伊甸园。上帝让他们两人住在园中，并负责修葺与看管乐园。同时，上帝还特意吩咐道："园内各种树上的果子你们都能吃，唯独善恶树上的果子你们不能吃，因为吃了它你们就会死。"亚当和夏娃谨记着上帝的教诲。

突然，有一天，夏娃没禁住蛇的诱惑，被神秘智慧树上的"禁果"所吸引，于是摘下树上的果子，吃了下去。而且，她把果子也给了亚当，亚当也吃了。

后来，上帝得知此事，将他们赶出了伊甸园。同时，上帝惩罚了罪魁祸首——蛇，让它用肚子走路；责罚夏娃，增加她怀胎的痛苦；责罚亚当，让他终身劳作才能从地里获得粮食。

夏娃和亚当为什么要违背上帝的旨意偷吃"禁果"？是因为他们饥饿，还是因为他们馋嘴？当然都不是，这个关于人类远祖的故事，暗示了人类的本性中具有根深蒂固的“禁果效应”倾向。

在现实生活中，我们常常会遇到这样的情况：越是被禁止的东西或事情，越会引来人们更大的兴趣和关注，使人们充满窥探和尝试的欲望，千方百计试图通过各种渠道获得或尝试它，即上面所说的“禁果效应”。其实，这与东西本身没有太大的关系，主要是因为“禁”激起了人们情绪中的好奇心理和逆反心理。

这种效应存在的心理学依据在于：无法知晓的“神秘”事物，比能接触的事物对人们有更大的诱惑力，也更能促进和强化人们渴望接近和了解的需求。我们常说的“吊胃口”“卖关子”，就是因为人们对信息的完整传达有着一种期待心理，一旦关键信息在接受者心里形成了接受空白，这种空白就会对被遮蔽的信息产生强烈的召唤。这种“期待—召唤”结构就是“禁果效应”存在的心理基础。“禁果格外甜”，不过是人们的一种心理表现。

为什么密室总会有好奇的闯入者

潘多拉魔盒的故事想必大家都不陌生，是一个希腊神话故事，讲的是宙斯给一位叫潘多拉的女孩一个盒子，告诉她绝对不能打开。“为什么不能打开？还要‘绝对’？里面该不是稀世珍宝吧？”潘多拉越想越好奇，非常想揭开真相。最终，潘多拉没有抑制住自己的好奇心，把盒子打开了。可谁知道，释放出来的竟然是人世间所有的邪恶——贪婪、虚无、诽谤、嫉妒、痛苦等。

潘多拉魔盒的故事背后是禁果效应在作怪。如果宙斯当初送给潘多拉盒子时，便告诉她盒子里装的是什么以及为什么不能打开，想必潘多拉很可能就不会打开那个魔盒。当人们被禁止采取某个行为，又没有被提供给可以接受的理由时，人们多会逆道而行，在好奇心理和逆反心理的操纵下，做一些被禁止的事情。

好奇心是对获得信息的一种渴望。逆反心理则是客观环境与主体需要不相符合时产生的一种心理活动，具有强烈的抵触情绪。换言之，逆反心理是指客体与主体需要不相符合时产生的具有强烈抵触情绪的社会态度。

心理学大量的经典研究表明，探究周围世界的未知事物，是人类普遍的行为反应，是人在长期生物进化中形成起来的具有生物意义的稳定需要。对一件事物作不说明原因的简单禁止，会使这件事物有区别于其他事物的特殊吸引力，使人自然地将更多的注意转移到这件事物上。另外，没有得到解释的禁止会引发各种推测和假设。当人们对禁止感到理由不充分时，人们就找不到充分理由来遏止自己的探究欲望，从而心理平衡会朝违反禁止的方面倾斜，使人倾向于做出偷食禁果的行为。

倘若想避免潘多拉效应，便要在要求人们做什么或者不做什么的时候，给予对方充分的、合理的解释，否则，单纯地禁止只会引起人们各种各样的疑虑、揣度、猜测，并为探究为什么不许做而跨越禁区，结果人们毅然决然地犯禁，与禁令发出者的期望南辕北辙。

在武侠电影中，常会出现这样的情节，一个密室或者房间被规定为禁区，不准人们进入，结果反而让很多的好奇者闻讯而来，他们千方百计地进入密室，想一窥究竟，看看里面到底隐藏了什么样的秘密。对于秘密，人们有一种天生的获知欲，这也正是禁果效应产生的根本原因。

欲“诱”愈“禁”，欲“禁”反“纵”

虽然禁果效应在生活中无处不在，你也许根本想象不到，今天我们生活中司空见惯的蔬菜——土豆，在刚刚被发现时，就曾因为被当作禁果，才得到了广泛的推广。

土豆从美洲引进到法国时，很长时间没有得到认可。迷信者把它叫作“鬼苹果”，医生们认为它对健康有害，而农学家则告诉人们，土豆会使土壤变得贫瘠。这些“权威人士”的断言，使土豆成了不受欢迎、稀奇古怪的东西。

著名的法国农学家安端·帕尔曼切在德国当俘虏时，亲自吃过土豆。他尝到了土豆的甜头，就想回到法国后，在自己的故乡培植它。可是因为那些“权威人士”的断言，谁也不敢种土豆。

后来他灵机一动，想出了一个办法。他得到国王的许可，在一块出了名的低产田上开始栽培土豆。根据他的要求，要由一支身穿仪仗服装、全副武装的卫队看守这块土地，但只是白天看守，到了晚上，卫队就撤了。

这使人们非常好奇，是什么好东西需要卫队这样煞有介事地看守？一定是好东西，才怕别人偷啊。人们这样一想，就猜测土豆一定是非常美味或很有好处的食品，就禁不住想要知道个究竟。于是，他们商量好，到晚上就到那块土地上偷挖土豆，然后种到自己的菜园里去。

结果，土豆得到了很好的推广，人们发现这是一种风味独特的食品，它没有任何可怕的地方。

正是巧妙运用了禁果效应，激发人们与生俱来的好奇心，帕尔曼切推广土豆的目的才得以实现。

除了像帕尔曼切那样利用禁果效应得到积极效果外，生活中还有不少因禁果效应适得其反的例子。

比如，历代统治者经常把他们认为是“诲淫诲盗”的书列入禁书之列，如我国的《金瓶梅》和西方的萨德、王尔德、劳伦斯等人的作品。但是，被禁不但没有使这些书销声匿迹，反而使它们名声大噪，使更多的人挖空心思要读到它们，反而扩大了它们的影响。再有，一些家长总是喜欢禁止孩子做这做那，如禁止读不健康的书，不让早恋，不允许玩游戏、网络聊天等，但一味严厉禁止，反而增加孩子的好奇心、逆反心理，使他们在两种心态的驱使下甘冒风险去尝试那些也许并不甜的禁果，最终使教育走向了反面。

透过禁果效应，我们不难发现，对于某种事物，我们越是禁止越会增加其诱惑力。相反，如果我们真想禁止某些事物，倒是应该学会适当地放纵一下。更确切地讲，我们一方面可以把某些人们不喜欢而又有价值的事物人为地变成禁果，以提高其吸引力；另一方面不要轻易把某些不喜欢或不赞成的事物当成禁果，以免人为地增加其吸引力，适得其反。

培养孩子好习惯，宜疏不宜堵

常常听到家长们抱怨："这孩子真长大了，连我们的话也不听，让他做什么他偏不做，你说东他偏要说西……"这句听似平常的话却道出了一个普遍的问题，孩子们在身心发展的过程中往往会产生一种逆反心理。

孩子存在的逆反现象，部分就源于"禁果效应"。孩子的好奇心强，由于阅历和经验的不足，情绪失控，道德观念和社会化发展不成熟。他们不迷信、不盲从，具有较强的求知欲、探索精神和实践意识。但家长或教师在教育孩子时，为了让孩子不走弯路，常用自己的所得经验阻止孩子的好奇心。孩子受好奇心的驱使，听不进大人们忠告，对于越是得不到的东西，越想得到，越是不能接触的东西，越想接触。这样，孩子不听劝告的逆反行为就形成了。

在对待孩子的教育上，有的家长时常感到困惑，在方式上难以抉择，往往不知道怎么办才好。教育孩子时要么过于严苛，要么过于宽松，然而实际的效果却是难如人愿，非常不理想。

我国著名教育家陆士桢曾经说过，教育孩子要学会一手接纳，一手控制。因为孩子毕竟只是孩子。对于孩子，适度的控制是必要的，但不能过于严厉，否则会引发孩子的逆反心理和抵触，正确的做法是管教和疏导相结合。就像大禹治水一样，在孩子的教育中，光靠“堵”不行，光靠“疏”也不行，要堵疏结合才行。

在孩子的学龄前期要“管”和“教”为主，越小的孩子的行为越应该管束和规范，对小孩子的无理行为不能迁就。如果在孩子幼年时期父母就不能管束孩子的对抗行为，那么孩子以后的每一次对抗，父母都不会获胜。假如父母无法让一个5岁的孩子拾起他的玩具，那么就不可能在孩子具有逆反心理的青春期进行任何有效的管教。

到了小学阶段除了要继续管、教以外，也要重视疏和导，做到管、教、疏、导同时并用；孩子越是长大，管和教就应该逐渐减少，而疏和导就越来越处于重要地位。孩子越大，就越要增加“疏”和“导”的分量。

孩子进入初中，父母对孩子的“疏”和“导”就应该占据重要地位了。进入初中阶段的孩子已经有了较强的独立意识，尤其是这个阶段的孩子的逆反、对抗心理较强，他们已经不再屈从父母的管束和说教，希望父母尊重他们，与他们平等地沟通。这时，激励和引导就应成为教育孩子的主导原则和方法了。

总之，如果父母能综合运用管、教、疏、导的四个原则，注意在孩子的不同成长阶段采用侧重点不同的教育方式，就能使自己对孩子的教育收到理想的效果。

当然，以上四原则要想有效实施，必须建立在父母对孩子的尊重和关爱之上。没有对孩子的尊重就不会有对孩子的有效教育。没有对孩子的关爱之情，就不会有与孩子良好的情感沟通和良好亲子关系的建立，当然也不会有有效的教育。而且，一个教育水平越高、越有教育智慧的家长，越善于“疏”和“导”，“管”和“教”的成分用得极少。因为他们总能抓住孩子的内心需求，总能把握孩子的内心感受，伺机进行引导。

第10章

晕轮效应：擦亮眼睛，切忌“爱屋及乌”

晕轮效应最早是由美国著名心理学家爱德华·桑戴克于20世纪20年代提出的。他认为，人们对人的认知和判断往往只从局部出发，扩散而得出整体印象，也即常常以偏概全。一个人如果被标明是好的，他就会被一种积极肯定的光环笼罩，并被赋予一切都好的品质；如果一个人被标明是坏的，他就被一种消极否定的光环所笼罩，并被认为具有各种坏品质。这就好像刮风天气前夜月亮周围出现的圆环（月晕），其实，圆环不过是月亮光的扩大化而已。据此，桑戴克为这一心理现象起了一个恰如其分的名称“晕轮效应”，也称作“光环效应”“以点概面效应”。

晕轮效应，概括起来说，是指人们看问题时，像日晕一样，由一个中心点逐步向外扩散成越来越大的圆圈，是一种在突出这一晕轮或光环的影响下而产生的以点带面、以偏概全的社会心理效应。

晕轮的迷雾：乱花渐欲迷人眼

托尔斯泰笔下的安娜·卡列尼娜，在她对卡列宁钟情时，觉得对方的一切都那样美好，甚至连他耳朵上的那颗痣也显得那么协调，不可缺少。但当她对卡列宁生厌时，就觉得对方的一切都那么丑恶，而耳朵上那颗痣则特别刺眼、恶心。这种心理反应，就是我们所说的“晕轮效应”在作祟。

普希金是俄国著名诗人，当他遇到被公认为“莫斯科第一美人”的娜坦丽时，为她的美丽而心动，以至于疯狂地爱上了她。在普希金眼里，一个漂亮的女人也必然有非凡的智慧和高贵的品格。然而，事实并非如此。他们结婚后，普希金每次把自己的诗读给娜坦丽听时，她总是不耐烦地捂着耳朵说：“不听！不听！”相反，她却总是要普希金陪她游玩，参加晚会、舞会。普希金为了她抛弃了诗歌创作，弄得债台高筑，甚至还为了她与别人决斗而牺牲了生命。

普希金的故事告诉我们：在现实生活中，千万不能让“一俊遮百丑”蒙蔽了我们的双眼和理智。对一个人或事物，不要急于下判断，不要以偏概全，要做全面的了解，否则就会误入“晕轮效应”的陷阱。

美国心理学家凯利以麻省理工学院的两个班级的学生分别

做了一个实验。上课之前，实验者向学生宣布，临时请一位研究生来代课。接着告知学生有关这位研究生的一些情况。其中，向一个班学生介绍这位研究生具有热情、勤奋、务实、果断等品质，向另一班学生介绍的信息除了将“热情”换成了“冷漠”之外，其余各项都相同。而学生们并不知道。两种介绍间的差别是：下课之后，前一班的学生与研究生一见如故，亲密攀谈；另一个班的学生对他却敬而远之，冷淡回避。可见，仅介绍中的一词之别，竟会影响到整体的印象。学生们戴着这种“有色眼镜”去观察代课者，而这位研究生就被罩上了不同色彩的晕轮。

通过上面的故事，也可以理解为什么明星总是有那么多绯闻了，人们总是对媒体关于明星的丑闻爆料十分感兴趣，对此津津乐道，然而事实上，人们所看到的关于明星的形象都是媒体所展现给人们的那圈“月晕”，或许这些故事只是媒体的断章取义，与事实的真相相距十万八千里。

在日常生活中，晕轮效应随处可见。比如，有些小青年穿着打扮花哨、怪异，上了年纪的人就会看不顺眼，就会觉得他们是没有出息的败家子；年轻人选择恋人，往往很看重外表，全然不考究人的内心，从而做出错误的选择；我们认识到一个人的好处，往往就会认为他的全部都可能是好的；认为一个人某一项决定是正确的，往往就坚信他今后也一定是正确的。

晕轮效应对人际交往有很大的影响。多数情况下，晕轮效应常使人出现以偏概全、爱屋及乌的错误想法，影响理性人际关系的确立。反之，晕轮效应也可以增加个体的吸引力而助其获得某种成功。

以貌取人，犹如门缝里看人

对一个外表英俊漂亮的人，人们很容易误认为他其他方面也很不错。对一个外表邋遢丑陋的人，人们则倾向于认为他各方面都低劣。

印象一旦以情绪为基础，这一印象常会偏离事实。看不到优秀背面的东西，就不能很好地解读它。孤立地以貌取人、以才取人、以德取人、以某一言行取人、以某一长处或短处取人，都是不正确的知觉。

人不可貌相，海水不可斗量，识人要看内心，不要被人的外表蒙蔽了眼睛，更不要让以貌取人来操纵着我们的判断结果。评价一个人，需要多方面考察，从整体上来下结论。

从整体上看人，就是要从德、识、才、学、体这五个基本方面，也就是按人才所构成的基本要素来评定。五者是相辅相成的一个整体，它们之间互相影响，互相制约，不能只见一点而忽略了其他几点。这就需要用整体性的综合思维方式，把事物经分析之后的各个方面、层次联系起来，形成一个整体去认识，从而得出正确的结论。“横看成岭侧成峰，远近高低各不同”，这句诗告诉人们，识人知人时采取不同的认识角度会产生不同的结果。如果从上往下看，会把人看矮了；如果从下往上看，会把人看高了；如果从近往远看，会把人看小了；至于门缝里看人，会将人看扁了的。

只有把人的各个方面的表现、情况联系起来，从整体上把握人的本质和主流，不能一叶障目，也不能以偏概全，更不能以貌取人。要看一个人在工作中的表现如何，对待事业、家庭和自身的态度如何，对待社会公益事业的态度如何，在喜怒哀乐时的情绪表现如何，在得志和失意时的表现又如何，又是如何对待金钱、名誉、地位等东西，只有在尽可能多地了解和了解透彻的前提下，才能形成对一个人的正确的认识。

趋利避害，用好“晕轮”双刃剑

汉代扬雄曾说：“行轻则招辜，貌轻则招辱。”“行为举止轻率，就会招致罪过；衣饰相貌不整，就会招致羞辱。”这句话的确非常有道理。古往今来，大家都知道“人不可貌相，海水不可斗量”的道理。如果你仅凭外表就判定一个人，恐怕就会看错人，从而闹出笑话，甚至惹出麻烦，生出事端来。

一个人外在的形象虽然在一定程度上表示了他的品位、地位等方面，但是光以外貌取人，难免会犯错误。有时候，身份显赫的人为了保持低调而表现得平易近人，甚至穿戴平平让你一点都看不出来，如果你一不小心“狗眼看人低”就会得罪人；有时候，一些别有用心的人抓住了人们趋炎附势的心理，装出一副衣冠楚楚的样子，很容易让人上当受骗。

有时以貌取人会识错人，要想准确地看人，就必须从其他方面着手，而不是光以貌就能决定一个人的为人处世和品质的。一只还是两只眼睛看人，将操纵着你是否有正确的选择。

客观上讲，晕轮效应是一把双刃剑，在实际应用中，我们要辩证地对待这顶“光环”。

既然我们知道晕轮效应是一种以偏概全的评价倾向，是个人主观推断泛化和扩张的结果。那么，实际生活中，我们就要注意在评价自己的时候，要实事求是，考虑全面。当别人称赞你的时候，要保持头脑冷静，知道自己的不足之处；当别人贬低你的时候，也不要自暴自弃，要知道自己还有可取之处，真实客观地看待自己，避免出现以偏概全而导致的错误。

同时，我们可以利用晕轮效应为自己创造有利条件。下面，我们先来看一下麦哲伦如何利用了晕轮效应而成功地获得西班牙国王的帮助。

在哥伦布航海成功后，为表明自己与投机者或骗子不同，麦哲伦在觐见国王时特地邀请了当时著名的地理学家路易·帕雷伊洛同往。帕雷伊洛将地图摆在国王面前，历数了麦哲伦航海的必要性及种种好处。结果，国王果然被说服了，使麦哲伦成功地得到资助，进行了环绕地球一周的航行。然而，在麦哲伦等人结束航海后，人们发现了他对世界地理的认识及他所计算的经纬度有诸多偏差。

可见，西班牙国王之所以资助麦哲伦，并不是因为麦哲伦本人或帕雷伊洛的劝说内容，只是因为他认为帕雷伊洛作为专家，其建议一定值得信赖。所以，适当地运用晕轮效应，也将有助于我们积极的发展。

此外，在认识或接触其他人和事物的时候，晕轮效应的负面影响会给人的心理带来很大的障碍。

总之，我们要正确看待和运用晕轮效应，辩证地对待我们心中的“光环”，理性地走出精彩的人生。

取下有色眼镜，走出晕轮迷雾

晕轮效应会使我们戴有色眼镜看人，评价一个人往往带有感情色彩，这样对周围的人就会难免做出偏颇的、错误的评价，这对人际交往是非常有害的。

为了避免晕轮效应的不利影响，我们要尽量避免感情用事，全面评价他人，理性和人交往。避免晕轮效应蒙蔽自己的头脑，有如下几点方法：

1．注意投射倾向

有些人总是从好的一面来解释别人，因为他本人就是一副菩萨心肠。而有些人则总是从恶意来判断他人的行为，即使是好事，他也会认为这是别有用心，这是因为他本人猜疑心重。这种把自己的某些心理特点附加给对方的现象，即“投射倾向”。人际知觉的投射倾向表明，人对他人的知觉包含着自己的东西，人在反映别人的时候常常也在反映着自己，而这种反映又往往是不自觉的。如果你对自己的投射倾向不加注意，没有清醒地、理智地经常进行自我反思，就很可能制造出晕轮效应，出现各种偏见。

2. 注意刻板印象

刻板印象就是所谓类化作用，按照预想的类型将人分为不同种类，然后贴上标签，按图索骥。比如，提起教师便想到“文质彬彬”，说到商人，总和“唯利是图”挂起钩来，等等。刻板印象的形成，往往始于对某一类人普遍特征的归类，这是一种简单的认识，虽然有利于对某一群人做概括的了解，但也很容易产生偏差。因为人心不同，各如其面，而刻板印象所根据的却并非认识对象本人的事实，有时刻板印象还是由于偏见的合理化而来。因此，刻板印象与晕轮效应可以说是有不解之缘的，是导致失真的一个误区。我们要对他人产生确切、深刻的认识，千万别忘了人的丰富多样性，并不断地修正头脑中由于刻板印象所造成的假象。

3. 避免以貌取人

一项心理实验显示，当人们被要求在一堆他们不认识的照片中分别找出好人与罪犯时，总会受到外貌晕轮效应的影响，即表现出按外貌分类的倾向。心理学家鲍达列夫曾向72个人调查，他们是怎样理解人的外貌的。其中9人回答，方方的下巴是意志坚强的标志，宽大的前额是智慧的标志，3人认为粗硬的头发表示倔强的性格，14人认为人胖表示心地善良，2人认为肥厚的嘴唇是憨厚朴实的标志，等等。这个调查结果是有趣的，也具有一定的普遍意义。尽管这些生理特征是较为固定的或天生的，但不少人仍认为从中能看出一个人的性格特征。这种由表及里的推断，含有很大的偏见成分。为此，只要我们在认识他人的问题上，确立不满足于表象，而注重了解对方心理、行为等深层结构，我们就能有效地摆脱外貌晕轮效应的影响。

4. 避免循环证实

心理学研究证明，一个人对他人的偏见，常会得到自动的“证实”。比如，你对某人存有怀疑之心，时间一长，自然会为人所察觉，对方必然会产生离心和戒心。而对方这种情绪的流露，又反过来会使你深信自己当初对他的看法是正确的。这就是心理学中的角色互动和双向反馈。由于一方感情的偏失，导致对方的偏失，反过来又加强了一方偏失的程度。如此循环证实，势必陷入越来越深的偏见中去，走进晕轮效应的迷宫迷而忘返。这就提醒我们，当你看不惯某个人，对某个人怀有成见的时候，应当首先理智地检讨一下自己的态度和行为是否受到晕轮效应影响，自觉走出晕轮效应的迷宫。

扩大自己的光环，照亮成功的道路

晕轮效应是把双刃剑，既有有害的一面，也有有利的一面。这就要求我们正确、理智地看待晕轮效应，规避其不利的一面，善用其有利的一面，让晕轮效应为己所用。

我们可以利用晕轮效应的有利面，在人际交往或是求职面试等场合中，应采用先入为主的策略，全面展示自己的优点、掩饰缺点，以留给他人尽量完美的印象，扩大自己的“光环”。

在求职应聘中，如果能够巧妙地运用晕轮效应，把自身的优势充分地展现出来，一定会给招聘考官留下深刻的印象，赢得对方的赏识，取得面试的成功。

曾经有一位刘丽小姐在参加她现在就职的单位招聘时，她的主动让招聘考官记忆犹新。那天正好是星期六，刘丽小姐到当地的人才市场上去寻找工作时，发现人才市场中心有一家招聘摊位前挤满了求职人员，刘丽于是也挤过去看看，此时她发现这家单位正好也招聘自己想要寻找的秘书职位。由于前来应聘的人特别多，再加上当时正值酷暑期间，大厅内温度非常高，众多求职者的嘈杂声也让招聘考官心烦意乱。

就在招聘考官决定当天暂时停止招聘时，他突然发现整个大厅里的嘈杂声没有了，当招聘考官正要站起来看个究竟时，招聘考官旁边的工作人员告诉他，是前来应聘的一个女孩子，在大厅内主动地帮助维持秩序。招聘考官听到这话，心头一震：自己从事招聘工作这么多年了，还从来没有遇见过类似的主动工作行为呢，像这种积极性、主动性强烈的女孩现在的确很少见，这种行为难道不正是一个秘书所要具备的基本要求吗？

于是，这位招聘考官立即停止手头的工作，并让旁边的工作人员把正在大厅后面维持秩序的刘丽小姐叫到自己的面前，向她询问她为什么能够主动站出来维持大厅的秩序，同时戴上眼镜仔细地看了刘丽提交给他的求职介绍信。刘丽拂了拂额前的头发，然后面带微笑地说：“没什么，我也是求职队伍中的一员，维持好求职秩序和环境，是每一位求职人员应该做的事情，况且您也需要清静一些来阅读我们的求职材料。”

经过一番问答，这位招聘考官紧握刘丽的双手，并向她表示感谢。最后的结果肯定是，刘丽在众多的求职者中脱颖而出，成为唯一的求职成功者。

通过上面的例子，我们不难看出，刘丽这种看似无意但积极主动的行为，增加了她的“光环”，她的这种行为正是一个秘书应该具备的，她做到了，从而帮助她求职成功。

作为求职者来说，很难正确把握招聘考官的心理，但是，在面试中，求职者要做一个细心人，不失时机地把握招聘考官当前心里想的是什么，当前最想做什么等，然后主动地根据主考官的思路把事情提前做好，就能在求职的过程中变被动为主动，往往会让招聘考官对你产生非常深刻的印象，从而有助于自己求职成功，这就是“晕轮效应”的反映。

一定要记住，无论是工作中还是生活中，我们必须要时刻保持清醒的头脑，才能避免被外在的“光环”蒙蔽而上当受骗；但同时也要注意包装自己的形象和企业产品，扩大“光环”带来的优势，让成功之路更加平坦。

第11章

沉没成本效应：不要为打翻的牛奶哭泣

沉没成本指由于过去的决策已经发生的，而不能由现在或将来的任何决策改变的成本，如已经付出的时间、金钱、精力等。

沉没成本效应是指，根据经济逻辑的法则，沉没成本与制定决策应是不相关的，但是在人们的实际投资活动、生产经营和日常生活中，广泛存在着一种决策时顾及沉没成本的非理性现象。

沉没成本：难以割舍的“鸡肋”

不论消费购物，或是做决策、投资，都应考虑可变成本和沉没成本，将两项成本纳入成本预算综合考虑、权衡利弊。

如果你看到一则广告说：在离你家10公里远的地方，有家店铺在降价出售衬衫。可当你来到这家店铺后，却发现这家店铺的降价衬衫没有一件适合你，而适合你的衬衫只比在你家附近店铺购买的衬衫便宜一点儿。这时你该怎么办？

你的唯一合理选择是购买衬衫！本节的目的就是向你证明购买衬衫是合理的。

为到这家商店购买衬衫而一路驾车的各种支出就是沉没成本——一旦发生，就不会恢复。如果你在离开家门之前就知道那里的实际情况，那么你就不会跑这趟冤枉路了。但是，既然你已经来了，不管你是否购买衬衫，你必须为跑这一趟路付出一定的代价。

人们在决定是否去做一件事情的时候，不仅是看这件事对自己有没有好处，而且也看过去是不是已经在这件事情上有过投入。沉没成本是指已经付出且不可收回的成本。沉没成本常用来和可变成本作比较，可变成本可以被改变，而沉没成本则不能被改变。经济学上认为做决策时仅需要考虑可变成本，如果同时考虑到沉没成本会被认为是错误的，那样的话结论就不是纯粹基于事物的价值得出的。

同样，在这里就买衬衫而言，也会存在这样的错误认识。有的人会拒绝买衬衫，他们认为衬衫的价格不足以弥补这一趟的费用，即便已经跑了这一趟。这种想法显然是不把沉没成本作为无法收回的支出来看待，在生活上的态度是活在过去，活在遗憾中，永远不会快乐。明智的做法是买件衬衫，这总比空手而归强，算是花钱买教训吧。

关于沉没成本经济学上还有一个比较有名的例子是看电影。

如果你预订了一张电影票，已经付了票款且你不能退票。你并不知道这场电影怎么样，是不是合你的口味。当你走进电影院坐下来看了30分钟后，你感到昏昏欲睡、索然无味。这时你该怎么办呢？是坐下来忍着看完还是站起来走人呢？也许你会觉得既然是花钱买的票不看完就走会是一种浪费。大多数经济学家们认为，如果你是理性的，那就不该在做决策时考虑沉没成本。在走与不走两种情况下你都已经付过钱了，所以应该不考虑这件事情。如果你后悔买票了，那么你当前的决定应该是基于你是否想继续看这部电影，而不是你为这部电影付了多少钱。此时的决定不应该考虑到买票的事，而应该以看免费电影的心态来作判断。经济学家往往建议选择不看离开影院，这样你只是花了点冤枉钱，而选择留下来看完你还要继续受冤枉罪。

显然，我们意识到了沉没成本，并据此采取下一个行动只是一种权宜之计，是一种补救措施，只不过为了不让结果变得更糟而已。那么，如何从根本上避免这一问题呢？我们就要考虑产生沉没成本的原因。

在我们买衬衫时，我们只知道10公里外有家店铺的衬衫正在打折，而它的打折的衬衫尺寸我们并不知道；看电影之前我们对电影的相关信息及精彩程度也一无所知，正是我们对信息的占有不足才导致了我们判断的失误，进而做出了错误的决策。显然，要想避免沉没成本的出现，在我们作决策的前期就要做大量的调研工作，尽可能多地占有信息。一旦当沉没成本出现，我们就要及时调整策略、方案，避免事态扩大和蔓延。

我们应该承认现实，把已经无法改变的“错误”视为昨天经营人生的坏账损失，今天经营人生的沉没成本。以全新的面貌面对今天，这才是一种健康的、快乐的、向前看的人生态度，以这样的态度面对人生才能轻装上阵，才会有新的成功、新的人生和幸福。

消费，防止陷入沉没成本的泥沼

沉没成本不可能再收回，我们该如何面对，理性就显得尤为重要。既然无法收回，我们只有放弃，或者忽略不计。如果对沉没成本过分眷恋，就会继续原来的错误，造成更大的损失。明知道110米栏比赛对于自己来说是没有任何意义的，你如果仍在可惜已经付出的门票钱，还要继续看下去，那么你不但无法收回，还要继续赔进两个多小时的时间成本，错上加错。

比如你持有一只股票，当然是想狠赚一笔的，然而拿了两三年，不仅没有上涨，却跌了一大半（而且还呈下跌趋势），这一大半便成了沉没成本。这时理性的做法是尽快出手，防止进一步损失。跌掉的一大半成本既然已经沉没，那就只能放弃了。可是一般人都做不到这一点，只得一路跌下去，最后赔得血本全无。有些工程盲目上马，投入了大量资金，中途才发现上马是错误的。大量成本已经沉没，必须赶快停止。如果将错就错，最后大型工程就会成为无用工程。

有的人对自己从事的工作心存不满，想改变。可是一考虑到自己在原有的工作上投入的各种资源，若重新选择，前期的巨大投入就会一文不值，所以只好作罢，继续在原来的生活旋涡里挣扎。有些人身陷不幸婚姻，却未必选择离婚，因为他们觉得青春已不再，孩子也有了，沉没成本实在太大，加上对未来预期又非常渺茫，比较来比较去，也只有继续痛苦下去，忍受下去。

所谓“沉没成本陷阱”，也就是厌恶割肉止损，不愿接受这样的悲惨事实，即无论等待多长时间，先前投资都不可能回收赢利。那些破罐子破摔的人，就是掉进了沉没成本的陷阱里，反正罐子已经破了（成本沉没了），就干脆让它继续破下去。迷恋赌博的人大概都有这种体会，越是输得一塌糊涂，越是要将赌博进行到底。因为自己已经输了不少钱（成本沉没了），所以就要想办法赢回来。然而赌场可不同情你，你赌下去的结果只能是越输越多，直至倾家荡产。这时理性的做法是立即停止，绝不能再继续赌下去。

正因为沉没成本会成为陷阱，那些不怀好意的人，便利用它给善良的人设圈套，让你的成本一点点走向沉没，等你沉没到无法自拔的时候，就不自觉地上了他的贼船。比如赌场，一般是先让你赢，然后再让你输。比如传销，先给你眼前画一个巨大的馅儿饼，然后诱惑你花一笔巨款（虽然一般是几千元，但对于普通人来说已是巨款了），购买无用的物品，等你发现成本已经沉没，你要急于捞回，就只有把心一横，又去诱惑别人，即所谓的“上了贼船下不来了”。沉没成本不仅困扰着社会中的个体成员，有时候整个社会团体也会陷入沉没成本陷阱。

应当说，避开沉没成本陷阱并不是件难事。首先要准确界定做事的条件。要看到，我们第一次决定的内容和第二次决定并没有直接的联系，第一次决定产生的后果才是做第二次决定的必要条件。其次，我们做事一定要有足够的理性，尤其是大的交易，前期投入一定要谨慎，不仅对对方有充分的了解是必要的，签订规范的合同，建立完善合法的合作程序更是必要的。由于双方信息的不对称，我们有上当受骗的可能，一旦发现，应当立即停止合作，以避免更大损失。拿得起放得下是一种风度，更是一种品质。

在沉没成本面前，我们一定要时刻保持清醒，不要计较太多，就好像覆水难收，过去的就让它过去吧。不要为打翻的牛奶哭泣，朝前看，不回头，这样才正确。

前景堪忧之时，要忍痛“割肉”

决策投资，在没有100%胜算的把握下，及早退出是明智的选择。如果你不及时收脚回来，那你可能越陷越深，甚至血本无归！

举个简单的例子：

假设你买进一只股票，股价下跌；于是你又在这个价位买进（股民称此为“摊平”），可是它又下跌……你再次购买的本意是减少损失，可是却越陷越深！

中国上海航空工业公司在2000年8月决定今后民用飞机不再发展干线飞机，而转向发展支线飞机。这一决策立时引起广泛争议。

该公司与美国麦道公司于1992年签订合同合作生产MD90干线飞机。1997年项目全面展开，1999年双方合作制造的首架飞机成功试飞，2000年第二架飞机再次成功试飞。

就在此时，MD90项目下马了。在各种支持或反对的声浪中，讨论的角度不外乎两大方面：一是基于中国航空工业的战略发展，二是基于项目的经济因素考虑。在这里不想就前一方面展开讨论，只有航空专家才在这方面有发言权。单从经济角度看，干线项目上马、下马之争可以说为沉没成本提供了最好的案例。

许多人反对干线飞机项目下马的一个重要理由就是，该项目已经投入数十亿元巨资，上万人倾力奉献，在终尝胜果之际下马造成的损失实在太大了。这种痛苦的心情可以理解，但丝毫不构成该项目应该上马的理由，因为不管该项目已经投入了多少人力、物力、财力，对于上下马的决策而言，其实都是无法挽回的沉没成本。

事实上，干线项目下马完全是“前景堪忧”使然。从销路看，原打算生产150架飞机，到1992年首次签约时定为40架，后又于1994年降至20架，并约定由中方认购。但民航只同意购买5架，其余15架没有着落。可想而知，在没有市场的情况下，继续进行该项目会有怎样的未来收益。

然而就是这个已经沉没了的成本，却还让许多不明就里的人难以割舍。他们把它当作鸡肋，食之无味而又弃之可惜。实际上这些人不明白：沉没成本永远是决策的非相关成本，与其相伴随的机会成本才是决策相关成本，需要在决策时予以考虑。

沉没成本和机会成本之所以会对决策产生这样微妙的作用，原因就在于机会成本不是现实的成本，是隐性的，而沉没成本却是实实在在的，让人有一种割肉的痛楚。成本沉没在水里着实令人感到可惜，然而伤心懊悔不是于事无补吗？还不如适时放弃，抓紧时间，创造更多的价值出来。

在投资时应该注意：如果发现是一项错误的投资，就应该立刻悬崖勒马，尽早回头，切不可因为顾及沉没成本，错上加错。事实上，这种为了追回沉没成本而继续追加投资导致最终损失更多的例子比比皆是。许多公司在明知项目前景暗淡的情况下，依然苦苦维持该项目，原因仅仅是因为他们在该项目上已经投入了大量的资金（沉没成本）。

摩托罗拉的铱星项目就是沉没成本谬误的一个典型例子。摩托罗拉为这个项目投入了大量的成本，后来发现这个项目并不像当初想象的那样乐观。可是，公司的决策者一直觉得已经在这个项目上投入了那么多，不能半途而废，所以仍苦苦支撑。但是后来事实证明这个项目是没有前途的，所以最后摩托罗拉只能忍痛接受了这个事实，彻底结束了铱星项目，并为此损失了大量的人力、财力和物力。

进退两难之际，该放手时要放手

选择放弃很难受，但是不放弃，则更加痛苦。该放手时就一定要放手。

现实经济中，陷入进退两难困境的投资项目比比皆是，投资过半，行情却急转直下。到底是继续投资还是决然退出，总是令投资决策者左右为难。实际上，一个理性的经济人在做出决策的时候，总是要涉及沉没成本和机会成本。然而现实中往往由于决策者思维的错位，将这两种成本相混淆，反而做出了不利的选择。

走出投资困境其实并不难，只要你敢于放弃，有胆量、有勇气经历失败，不要为打翻的牛奶哭泣，对不可追求的东西要及时放手，做一个敢于放弃的聪明人。

在一次关于生活艺术的演讲中，教授拿起一个装着水的杯子，问在座的听众："猜猜看，这个杯子有多重？"

"50克"、"100克"、"125克"……大家纷纷回答。

"我也不知有多重，但可以肯定人拿着它一点不会觉得累。"教授说，"现在，我的问题是：如果我这样拿着几分钟，结果会怎样？"

"不会有什么。"大家回答。

"那好。如果像这样拿着，持续一个小时，那又会怎样？"教授再次发问。

"胳膊会有点酸痛。"一名听众回答。

"说得对。如果我这样拿着一整天呢？"

"那胳膊肯定变得麻木，说不定肌肉会痉挛，到时免不了要到医院跑一趟。"另外一名听众大胆说道。

"很好。在我手拿杯子期间，不论时间长短，杯子的重量会发生变化吗？"

"没有。"

"那么拿杯子的胳膊为什么会酸痛呢？肌肉为什么可能痉挛呢？"教授顿了顿又问道，"我不想让胳膊发酸、肌肉痉挛，那该怎么做？"

“很简单呀。您应该把杯子放下。”一名听众回答。

“正是。”教授说道，“其实，生活中的问题有时就像我手里的杯子。我们埋在心里几分钟没有关系。如果长时间地想着它不放，它就可能侵蚀你的心力。日积月累，你的精神可能会濒于崩溃。那时你就什么事也干不了了。”

教授这番话的另一层含义是，如果你手中的成本正在逐渐增加，你越来越感到吃力的话，你应该及时放弃。否则，你的身心将被拖垮。

沉没成本是已经投入的，不能再次收回，这告诉我们做事不能瞻前顾后，要该出手时就出手，该停手时就停手，否则等铸成大错，悔之晚矣。

今天的放弃，是为了明天的得到

在印度的热带丛林里，人们喜欢用一种奇特的狩猎方法捕捉猴子：在一个固定的小木盒里，装上猴子最爱吃的坚果，盒子上打开一个小口，刚好够猴子的前爪伸进去，猴子一旦抓住坚果，爪子就抽不出来了。人们常用这种方法捉到猴子，因为猴子有一种习性，不肯放下已经到手的东西。

人们总会嘲笑猴子不松开爪子放下坚果逃命的愚蠢做法。但审视一下我们自己，也许就会发现，并不只是猴子才会犯这样的错误。

现在社会似乎给我们描绘了一幅幅前景大好、欣欣向荣的画卷，而一个个荡气回肠、神乎其神的成功故事，则更令我们充满激情、意乱情迷。于是，在众多海市蜃楼般的诱惑面前，太多的人忘却了理性的分析和选择，忘却了放弃，而执着于自我内心的反复的挑战和尝试。殊不知，放弃是一种战略智慧。学会了放弃，你也就学会了争取。

当我们面对问题时，需要的是多一些理智和冷静，少一些焦灼和浮躁。太多的经验教训告诉我们：成功是不断地进行理性的放弃才能获得持久的成功，而因不能理性地放弃才导致了最终的失败。你不可能什么都得到，所以你应该学会放弃。

比尔·盖茨曾经说：“人生是一场大火，我们每个人唯一可做的，就是从这场大火中多抢一点东西出来。”世界上有几个人能有这样睿智的思维呢？人的欲望是无穷无尽的，很少有人在过去所取得的成果之上，放弃那些曾经拥有的鲜花和掌声。在人生的旅途上，背负着过去的成果和失败的阴影都是很累的。只有懂得选择、懂得放弃的人，才会拥有一个轻松愉快的旅程。

梅花因为放弃安逸和舒适，才能得到笑傲霜雪的艳丽；大地因为放弃绚丽斑斓的黄昏，才会迎来旭日东升的曙光；船舶因为放弃安全的港湾，才能在深海中收获满船鱼虾。成功人士不会计较一时的得失，他们知道什么时候放弃，如何放弃；他们更知道，今天的放弃是为了明天的得到！

放弃有时比争取更有意义，放弃会让你拥有更多。如果努力争取的东西与目标无关，或者目前拥有的东西已成为负累，或者劣势大于优势，那么还不如放弃。当你放弃了本不该属于你的东西，你可能会突然发现，你已经拥有了你曾争取过而又未得到的东西。

如果努力争取的东西与目标无关，或者目前拥有的东西已成为负累，或者劣势大于优势，那么还不如放弃。当你放弃了本不属于你的东西，你可能会突然发现，上帝在关上门的同时，也为你打开了一扇窗。

第12章

蝴蝶效应：小蝴蝶可以引发大风暴

1972年，美国气象学家爱德华·罗伦兹在华盛顿的美国科学发展学会上发表了一篇演说，大意为：一只亚马孙河流域热带雨林中的蝴蝶，偶尔扇动几下翅膀，两周后，可能在美国得克萨斯州引起一场龙卷风。因为蝴蝶翅膀的扇动，导致其身边的空气系统发生变化，引起微弱气流的产生；而微弱气流的产生，又会引起它四周空气或其他系统产生相应的变化，由此引起连锁反应，最终导致天气系统的巨大变化。蝴蝶效应由此而来。

蝴蝶效应说明，初始条件十分微小的变化经过不断放大，对其未来状态会造成极其巨大的差别。有些小事可以糊涂，有些小事如经系统放大，则对一个组织、一个国家来说是很重要的，就不能糊涂。

小过错可能扩散成弥天大祸

横扫城镇的龙卷风，常从蝴蝶扇动翅膀开始；横过深谷的吊桥，也常从用一根细线拴住小石头开始。事物彼此之间都有联系，注意小事，别让细节成为你的绊脚石；关注细节，让这些偶然的机会成为助你成功的良机。

如今，蝴蝶效应被广泛应用在天气、股票市场等一定时段内难以预测的复杂系统中。

在金融、贸易日益全球化的今天，世界各国经济都存在着千丝万缕的联系，处于一个相互关联的极其复杂的系统中。一个微小的初始事件，就很有可能引起系统性的整体灾难。

蝴蝶效应同样会作用于一个企业，以及单独的个人。在现代企业管理中，蝴蝶效应需要格外注意。一个企业的发展是复杂的，受到方方面面因素的作用，可以视作一个复杂的系统。要注意每一个微小事件的影响，消除不利的因素，避免它们对企业的未来产生恶劣的冲击；强化有利的因素，使它们对企业未来起到重要的推动作用。

三株集团曾在短短的3年内使销售额提高了64倍，高达80亿元人民币，打造了辉煌耀眼的保健品帝国。但是，一个“常德事件”，一篇名为《八瓶三株口服液喝死一个老汉》的报道，便使拥有15万员工的“三株大厦”在顷刻间轰然倒下。

事发1996年的陈伯顺老汉死亡案，起诉后，法院本判定三株胜诉。但这条新闻竟被二十多家媒体报道，在社会上造成了极大的负面影响，致使三株的悲剧无可挽回，锐减员工13万，直接损失达40多亿元。

一个小问题，竟然击垮了偌大的一个企业！“三株”倒下的根由是一篇文章的发表，引起大量媒体的炒作，最后让全国老百姓形成“人人喊打”之势，而不管那篇报道的真假、三株集团是否冤枉，这难道不是蝴蝶效应的一个典型表现吗？

经济周期：蝴蝶的翅膀怎样扇起飓风

经济生活中，很多事情的发生和蝴蝶效应发生作用的机理极为相似，一件微不足道的事情可能就会酿成一场世界性的经济危机。

在我们的经济生活中，类似蝴蝶效应的事情是不断的。经济总会上下波动，这在经济学家看来是再正常不过的了，无须大惊小怪。因为这正验证了经济的周期性。

经济的周期性波动被称为经济周期，它是指总体经济活动的扩张和收缩交替反复出现的过程。每一个经济周期都可以分为上升和下降两个阶段。经济周期一般是指以实际国民生产总值衡量的经济活动总水平扩张与收缩交替的现象，具体表现为经济扩张因受到资源供给约束或消费约束，而出现经济收缩，经济收缩又因资源供给充裕或者消费需求拉动而重新进入经济扩张，周而复始，不断循环。

通常情况下，一个完整的经济周期可以划分为四个阶段：复苏—繁荣—衰退—萧条。其中，经济的复苏和繁荣阶段构成了经济周期中的扩张期，而经济的衰退和萧条阶段则构成了经济周期中的收缩期。在经济周期的上升阶段，即繁荣阶段，最高点称为顶峰。然后物极必反，顶峰也是经济由盛转衰的转折点，此后经济就进入下降阶段，即衰退阶段。衰退严重则经济进入萧条阶段，萧条阶段的最低点称为谷底。当然，谷底也是经济由衰转盛的一个转折点，此后经济进入上升阶段。经济从一个顶峰到另一个顶峰，或者从一个谷底到另一个谷底，就是一次完整的经济周期。

经济周期一般有长短之分，一般而言，有这几种经济周期的学说。

库兹涅茨周期，一种长经济周期。1930年美国经济学家库涅茨提出的一种为期15~25年，平均长度为20年左右的经济周期。由于该周期主要是以建筑业的兴旺和衰落这一周期性波动现象为标志加以划分的，所以也被称为“建筑周期”。

朱格拉周期，是一种中周期。1862年法国医生、经济学家克里门特·朱格拉在《论法国、英国和美国的商业危机以及发生周期》一书中首次提出了市场经济存在着9~10年的周期波动。这种中等长度的经济周期被后人一般称为“朱格拉周期”，也称“朱格拉”中周期。

基钦周期，是一种短周期，又称“短波理论”。1923年美国的约瑟夫·基钦从厂商生产过多时，就会形成存货，就会减少生产的现象出发，他在《经济因素中的周期与倾向》中把这种2~4年的短期调整称之为“存货”周期，人们亦称之为“基钦周期”。

康德拉季耶夫周期，长周期或长波。是1926年俄国经济学家康德拉季耶夫提出的一种为期50~60年的经济周期。该周期理论认为，从18世纪末期以后，经历了三个长周期。第一个长周期从1789年到1849年，上升部分为25年，下降部分为35年，共60年。第二个长周期从1849年到1896年，上升部分为24年，下降部分为23年，共47年。第三个长周期从1896年起，上升部分为24年，1920年以后进入下降期。

作为市场经济中的任何一分子，对经济周期波动必须了解、把握，并能制定相应的对策来适应周期的波动，否则将在波动中丧失生机。在市场经济条件下，企业家们越来越多地关心经济形势，也就是经济大气候的变化。

作为政府部门，认识经济周期在市场经济中的运行规律和特征，有助于政府在制定扩张性或收缩性的经济政策以及进行政策转换时，增强预见性，避免滞后性。

经济周期的概念，容易给人们一个错觉，认为既然是周期，就应该像元素周期表一样准确无误，是可以预测的。其实不然，我们应当看到，经济周期只不过是一种现象的描述，事实上不管是哪种理论，都只是对经济波动的一种解释，它是一种马后炮，而不是当头炮。因为影响经济波动的因素是极其复杂的，所谓世事如棋——局局新，就是这个道理。我们可以预测出一年四季二十四节气的准确时间，但是我们却无法预测一年四季各个节气可能发生的风云突变。影响经济波动的因素就好比这天空中突变的风云，每次都是不同的，因而经济波动是无规律的，几乎不能准确地预测。否则，我们就能够消灭衰退，实现经济的长期稳定增长了。

现实当中，人们普遍认为经济波动具有破坏作用，而忽略了它的积极影响。其实在市场经济中，经济波动往往会推动公司改革，加快技术改造，提高管理效率。祸兮，福之所倚。老子的话是对的。

捕捉引发信息风暴的蝴蝶，四两拨千斤

蝴蝶效应所揭示的道理，在企业管理和营销活动中同样存在。

曾经，人们一直认为，营销者的水平层次越高，就越需要抓大放小。要把精力放在做大事和要事上，不做琐屑的杂务，以高效利用时间。然而，蝴蝶效应告诉我们：小事情一样可以导致大后果，小变化可能会引起大变化。就市场营销而言，若能合理利用蝴蝶效应，往往会起到四两拨千斤的作用。

据《第一财经日报》报道：2009年5月，三星电子与百思买在中国正式签订了协同补货（CPFR）协议。

根据该协议，三星电子与百思买在供应链上共同管理采购预测与库存，共享客户信息，而三星的市场部将通过汇总的销售信息分析出大致的研发方向，如用户在最近半年或者一个季度喜欢什么样的手机等。

到目前为止，三星电子已经与北美和欧洲的38家零售流通渠道进行CPFR合作。从2004年合作开始至2009年，三星电子销售额增长400%，物流库存减少64%，预测订单的正确率提高至93%，提前备货周期从2005年的11周缩减至2008年的4周。未来，中国的零售商也会成为三星信息链上重要的信息提供者。

在三星看来，如果高速信息流最后不能汇总到设计和专利上，那么这些信息并没有被充分利用。外部的信息获取要配合内部的积极“做功”。

信息反馈的高速战略使三星公司从缩短产品周期中获益。另外，三星还实行B2B和B2C两个市场并行，不仅生产成品还生产成品的部件。加上市场信息反馈的配合，这使得三星实现了产品多样化、大规模化和成本领导权。

三星还成立了中国经济研究院，分析的内容从家电产业到房地产，再到中国宏观经济。阅读该研究院的报告，读者就可以发现，三星大量搜集了第三方数据，从调研机构易观国际的数据，到各种关于中国经济的统计数据，数据量庞大。

在三星内部人士看来，这种分析对三星很有帮助，如中国的房地产情况就对家电销售有影响，而经济的涨落也涉及高端手机的消费心理。三星中国研究院还可对外出售报告产生收入。

例子中，三星巧妙利用了信息的蝴蝶效应，使自己的营销越做越成功。

营销界名人熊兴平在《蝴蝶效应与市场营销——寻找引发销售风暴的那只蝴蝶》中曾指出：要引起一场销售的龙卷风，关键是寻找到在临界点附近那只扇动翅膀的蝴蝶。

第一，让产品成为蝴蝶。利用消费者购买行为的非线性，逐渐累积比竞争对手领先1%的优势（微弱优势），在正反馈的自我增加机制作用下，到达终点时便会领先100%，最终打败势均力敌的对手。

第二，让消费者成为蝴蝶。利用口碑营销的病毒式传播原理，找到一位消费者意见领袖（如种植大户、科技示范户），让他成为引发产品销售龙卷风的那只蝴蝶。

第三，让经销商成为蝴蝶。对经销商采取表扬与批评交替结合的办法，通过奖惩激励，逐步把经销商引入混沌理论的蝴蝶模型中，最后让经销商“化蝶”引发风暴。

第四，让员工成为蝴蝶。企业员工在不同的条件下会产生天壤之别的销售业绩，若加以引导和激励，企业将呈现积极向上的竞争气氛，员工也可能成为销售竞赛中的那些蝴蝶。

第五，让企业自己成为蝴蝶。企业营销战略是既定战略

（领导制定、自上而下）与随机战略（市场引导、自下而上）相结合的混沌战略，企业自己也能进入到混沌模型中而成为那只蝴蝶，如果反馈不当，就可能在一夜之间轰然倒闭；反之，企业就可能成为一夜之间崛起的黑马。

所以，营销中要充分抓住能够引发销售风暴的那只“蝴蝶”，扩大营销声势，让产品飞进千家万户，实现利润的最大化。

微小的细节，伟大的责任

蝴蝶效应指出，一个细节的失误就会引发极为严重的后果。我们的日常工作，基本上都是那些小事、细节。就是因为这些事情小、细，才容易被人忽略，不被注意。但也正因为这些事情细小，才更容易出现纰漏。因此我们也就更应该在小事上多下点功夫，在细节上多做些准备，这样才能为自己、为公司创下利益，从而立于不败之地。

一名美国人因要参加上海的一个商务会谈，所以就从自己的国家飞到了上海，当晚住进了一家五星级的酒店。

第二天早晨，当这个美国人从房间出来准备吃早餐时，就听见一个甜美的声音说：“早上好，杰克先生。”这个美国人感觉很奇怪，抬头看见一名漂亮的服务小姐正微笑着看着自己。

美国人知道刚才那个声音肯定是出自这个小姐之口，但让他感到惊讶的是，服务员竟然会知道自己的名字。他把这个疑问向服务员提了出来，这个服务员小姐解释道："每一位入住我们酒店的旅客，我们每一层的当班服务员都要记住旅客的名字，这是我们酒店的规定，是每一名服务员必须做到的。"这位美国人听完了解释，很高兴，他没有想到在异国他乡，竟然能听到有人这样亲切地称呼自己的名字。

这个美国人要去吃早餐，于是就问服务员餐厅的地点，这位服务员小姐就把他引领到餐厅。美国人吃完了早餐，刚要走，就看见一个服务员又端上了一盘东西，这是酒店免费奉送的小点心。美国人看着这盘点心模样奇怪，就忍不住问服务员："这中间绿色的东西叫什么？是什么做的？"

这个服务员走上前看了一眼盘子里的东西，然后退一步回答这个美国人的问题。当这个美国人第二次向她提问时，她还是走上前看了一下，然后再退回一步回答。服务员前进一步是为了看清东西，好作回答，后退一步是为了防止口水溅到食物上。如此反复几次，美国人对这种细致周到的服务非常满意，早餐吃得也特别舒心。

几天以后，这位美国客人商务会谈结束，他已经处理完所有的公务，所以来退房准备回国。在退房时，是那位漂亮的服务员为他结的账，她把所有的单据折好，然后放进一个信封里，把它交给这位美国人，并且说道："杰克先生，谢谢你住进我们的酒店，希望不久后，我们能第三次再见到您。"原来，这位美国人半年前曾经来过一次上海，不过那时候在这家酒店只住了一天，他已经记不起这位服务员小姐了，甚至连这个酒店的餐厅都记不起来了，而这位服务员居然还能记得半年前他来过。

以后，这位美国客人只要来上海办事，就一定会住在这家酒店，而那家酒店服务员的服务依然是那么细致入微，让这位美国客人每次来都感觉特别满意。

这个美国人最近又来了一次上海，入住的还是这家酒店，经过以前的好多次，这位美国人已记住那位服务细致入微的漂亮服务员，但这一次他发现那位服务员已经被酒店提升为客房部的经理了。这位漂亮的服务员得到提升，是必然的结果。因为任何公司，都会提拔像这位服务员一样细致工作的人，因为细节体现了她负责任的态度。

微小的细节体现了伟大的责任。

看不到细节，或者不把细节当回事的人，就会对工作缺乏认真的态度，对事情只能是敷衍了事；而考虑到细节、注重细节的人，不仅认真对待工作，将小事做细，而且注重在做事的细节中找到机会，从而使自己走上成功之路。

魔鬼在细节，天下大事必做于细

人与人之间的差别，往往体现在一些细小的事情上，并且正是因为这些细小的事情，决定了不同的人具有不同的命运。

1961年4月12日，苏联宇航员加加林乘坐4.75吨重的“东方1号”宇宙飞船进入太空遨游了89分钟，成为世界上第一位进入太空的宇航员。他为什么能够从20多名宇航员中脱颖而出呢？

原来，在确定人选前一个星期，宇宙飞船的主设计师罗廖夫发现，在进入飞船前，只有加加林一个人脱下鞋子，只穿袜子进入座舱。

就是这个细小的举动一下子赢得了罗廖夫的好感，他感到这个27岁的青年既懂规矩，又如此珍爱他为之倾注心血的飞船，于是决定让加加林执行人类首次太空飞行的神圣使命。

加加林通过一件不经意的小事，表现了他珍爱他人劳动成果的修养和素质，也使他成为遨游太空的第一人。

因小事而决定的事情，看似偶然，实则充满了必然。

小事能够决定成败，虽然不是说任何一件小事都可决定成败，但如果你忽略它，它便会成为你失败的最大祸根。如果你不幸养成了忽视细节或不注重小事的坏习惯，那么发生在你身边的小事绝对可以决定你一时甚至是一生的成败。

老子曾说：“天下难事，必作于易；天下大事，必作于细。”它精辟地指出了想成就一番事业，必须从简单的事情做起，从细微之处入手。与此类似，20世纪世界伟大的建筑师之一的密斯·凡·德罗，在被要求用一句话来描述他成功的原因时，他也是只说了五个字“魔鬼在细节”，他反复地强调如果对细节的把握不到位，无论你的建筑设计方案如何恢宏大气，都不能称之为成功的作品。可见对细节的作用和重要性的认识，古已有之，中外共见。也就是所谓“一树一菩提，一沙一世界”，生活的一切原本都是由细节构成的，如果一切归于有序，决定成败的必将是微若沙砾的细节，细节的竞争才是最终和最高层面的竞争。

“泰山不让土壤，故能成其大；河海不择细流，故能就其深。”所以，大礼不辞小让，细节决定成败。在中国，想做大事的人很多，但愿意把小事做细的人却很少；我们不缺少雄韬伟略的战略家，缺少的是精益求精的执行者；我们不缺少各类管理规章制度，缺少的是规章条款不折不扣地执行。我们必须改变心浮气躁、浅尝辄止的毛病，提倡注重细节、把小事做细。

第13章

多米诺骨牌效应：千万不要败在第一步

多米诺骨牌是一种非常精彩的游戏，它用木制、骨制或塑料制成长方形骨牌，在游戏时将骨牌按一定间距排列成行。只要轻轻碰倒第一块骨牌，其余的骨牌就会在第一块倒下的骨牌的带动下产生连锁反应，依次倒下。

多米诺骨牌效应，是指在一个相互联系的系统中，一个很小的初始能量就可能产生一连串的连锁反应。它告诉我们：如果忽视了一个小的破坏性的力量，这种破坏性的力量在随着相互传递时，产生的惯性力会导致一个比一个更加快速的倒塌，如果没有纠正过来，事情恶性质的结果无法挽回。因此，不论做什么事，在开始阶段都要慎之又慎，千万不要一着不慎，满盘皆输。

1 张牌可以推倒 340 万张骨牌

一着不慎，满盘皆输，开始的失误，将会使整个计划受到影响，步步受挫，造成恶性循环。因此，不论做什么事，都要走好关键的第一步，千万不要败在第一步。

你能相信吗？从轻轻推倒第一张牌开始，依次传递，结果成功推倒了340万张骨牌。这就是多米诺骨牌游戏中推倒骨牌数的世界纪录。从所拍的视频可以看出，骨牌依次倒下的场面蔚为壮观，其间显示的图案丰富多彩，令人叹为观止。

多米诺骨牌蕴含着一定的科学道理。其原理是：当骨牌竖着时，重心较高，倒下时重心下降，倒下过程中，其重力势能便转化为动能，当它倒在第二张牌上，这个动能就转移到第二张牌上，第二张牌将第一张牌转移来的动能和自己倒下过程中由本身具有的重力势能转化来的动能之和，再传到第三张牌上。所以每张牌倒下的时候，具有的动能都比前一块牌大，因此它们的速度一个比一个快，也就是说，它们依次推倒的能量一个比一个大。这样，就产生了“多米诺骨牌效应”。

“多米诺骨牌效应”产生的能量是十分巨大的。它告诉我们，在一个相互联系的系统中，一个很小的初始能量就可能产生一连串的连锁反应，从而产生巨大的能量。

在生活当中，“多米诺骨牌效应”是比较常见的。例如，在你家门前的路两旁摆满了很多鲜花，很长一段时间都很整齐，花也开得很鲜艳。可是有一天，一个过路的女孩看见花好看，就顺手摘了一朵。渐渐地，摘花的人就越来越多了，后来干脆有人把花盆一起搬走了……

早晨上班时分，路口人流如织，等红灯的人们焦急地望着交通信号灯，终于有一个性急的小伙子等不及了，开始横穿马路。在这种情况下，如果交警或交协不制止这个愣头青，其他人就会像潮水一样紧跟其后，视红灯若无物。

在干净整洁的广场上，你不好意思随手丢弃纸屑或烟头，而是四处寻找垃圾箱。但如果是一地污物，满阶尘土，你会毫不犹豫地将烟头弹出一个漂亮的抛物线，任其跌落。

一面洁白的墙上，如果出现了第一个“办证”的涂鸦，在不能及时清除的情况下，这面墙很快就会长满“牛皮癣”。

谁是金融雪崩的罪魁祸首

多米诺骨牌效应表明，一个很微小的力量能够引起的或许只是察觉不到的渐变，但是它所引发的却可能是翻天覆地的变化。

第一棵树的砍伐，最后导致了森林的消失；一日的荒废，可能是一生荒废的开始；第一场强权战争的出现，可能是使整个世界文明化为灰烬的力量。

这些预言或许有些危言耸听，但是在未来我们可能不得不承认它们的准确性，或许我们唯一难以预见的是从第一块骨牌到最后一块骨牌的传递过程会有多久。有些可预见的事件最终出现要经历一个世纪或者两个世纪的漫长时间，但它的变化已经从我们没有注意到的地方开始了。

2008年席卷全球的金融危机，几乎给全球带来了一次金融海啸。其中，“多米诺骨牌效应”的作用显露无遗。

这场源自美国次贷危机的全球金融海啸，波及发达国家几乎所有的金融产品、金融机构和金融市场，发达国家以及不少发展中国家实体经济陷入衰退。这场导致全球经济下滑的美国金融危机的始作俑者是金融机构，其无节制的信贷增长和资产价格泡沫急剧膨胀是危机爆发的直接原因。

细看这一过程，应从2001年“9・11”事件开始。当时，美联储为了刺激经济，连续降息，低利率加上流动性过剩，直接推动了全球性房地产等资产价格的过热，导致住房贷款需求的增加。由于优质按揭市场已经趋于饱和，发放次级按揭机构就开始转向低等级客户，次级抵押贷款市场因而迅速发展，房屋价格和房屋信用泡沫逐渐变大，直至美国住房供应市场很快饱和。而当美国货币政策发生变动后，利率上调，房价下跌，原本信用等级低的借款人无力还贷，而抵押贷款公司手中的住房抵押品难以出手，也不足以弥补亏空，资金链条由此断裂。抵押贷款市场的危机直接影响了衍生的房产贷款支撑证券、债券以及担保债务凭证（CDO），继而发生CDO大幅贬值，整个信用衍生品市场产生动荡。

紧接着，发行衍生品和管理衍生品的公司股价开始下跌，又引发投资者对金融类公司的普遍忧虑，危机进一步向金融市场传导，造成世界范围内的股价震荡。多米诺骨牌效应日趋明显，不仅对其发源地美国的经济予以致命打击，同时也对世界他国经济产生了深远的恶劣影响。就这样，次贷危机借助多米诺骨牌效应，不断地推倒一块块骨牌，其破坏力量越来越强大，最终，演变为肆虐全球的金融风暴。多米诺骨牌效应在此给世界上了惊心动魄的一课。

多米诺骨牌效应启示我们，对于一些灾难性的事件，需要保持警惕心理，洞察其爆发的征兆，及早采取相关防御性措施，这样当风暴来袭时，我们就不会猝不及防，就可以将损失减少到最低限度。

投资败在起步，东山难以再起

在这个充满竞争、高速发展的新时代，任何企业都无法长久性地抱有永远鼎盛的期待。所以，明智的创业投资者，从一开始就要研究中止事业时将面临的风险。在此基础上，轻装上阵。

投资创业几乎是每一位有志者的奋斗目标。刚起步时，我们很容易太过冲动，总是思考如何让事业持续到永远。

然而，相关的调查数据告诉我们：让事业永远沿着一个方向持续下去是个不折不扣的幻想。那么，如果能够预测经济衰退或危机什么时候到来，我们就能及时地撤退，从而避免多米诺骨牌效应的发生。

美国麦金利咨询公司调查显示，从20世纪20年代至30年代，全球500强企业的平均寿命是65年，到了1960年变成了30年，而到了1990年平均寿命缩短至15年，估计到了2010年，企业的平均寿命为10年。所以，没有做好撤退的准备就开始创业是一件非常冒险的事情。

虽然顺利地撤退对于确保整体的利润是非常重要的，但人们很少提起它。大概是因为现实中，人们更加关注成功，而避讳失败吧。以往经核算证实赢利的企业，经过总清算后反而有大笔的赤字，账簿上登记的资产根本值不了几个钱。比如，办公家具和办公用具被算作资产，到了清算的时候，这些东西根本卖不出去。这时它们已经不再是资产了，只是笨重的垃圾，还要付垃圾清理费。

其实，在关闭公司时，各种费用更是昂贵。在此期间，首先必须付给员工大笔的离职补偿，和会计、律师交涉时也必须付给他们丰厚的酬劳，再加上清算并不是一项前途光明的工作，谁都没有心情去做这种事情。在这种情况下，损失可能会被无限制地扩大。

因此，创业投资一定要慎重考虑，做好每个阶段的投资预算和成本控制，步步为营，稳扎稳打，起步阶段只有走得稳才能走得顺，才能走得更远。

具体来说，要尽可能地做到零库存，要坚持预先付款、现金回收的原则，不要有拖欠的货款；不要雇用正式员工，尽可能地使用临时兼职人员；必须严格坚守不签长期租约、不借钱的原则。

在创业的过程中，客户可能希望你能有库存，也可能提出延长付款期等各种要求。如果答应了客户的要求，就有可能让你的事业背负极大的风险。也有的经营者抱着没有风险就没有利益的想法，认为有增加库存的必要。可是如果所得利润不足以维持库存的话，企业的运转就会崩溃。

迄今为止，大家都认为坚持是良好的品质，而且中途停止事业会使我们对顾客心怀歉意。可是，即使是像证券公司这样的大企业倒闭后，也没有多少顾客会因此烦恼。

事实上，与其说中途停止事业要冒很大的风险，倒不如说，不预测中止时间、不采取相应对策才是最危险的。如果撤退的壁垒已经被升高了，想撤退都退不了，不仅仅是事业的寿命，连公司的寿命都会走到终点。

所以，创业投资一定要谨慎，千万不要败在起步期，那样很难东山再起。

不留后患，第一次就把事做对

多米诺骨牌效应说明，做事时如果第一步出错了，就会影响到第二步、第三步……导致最后错误的结果，使所有的努力都付诸东流。

其实我们做事情最怕的就是辛辛苦苦一场，等来的却是不合格，要求重做。费尽心思做的东西相当于白费了，以前的时间也是一去不复返了，所有的事情前功尽弃。

为了防止这样的事情发生，最好的方法就是“第一次就把事情做对”，避免了以后修改或者是重做的麻烦，也防止了时间的浪费。

“第一次就把事情做对”，是一种尽心尽力、尽职尽责的做事习惯，是一种追求精益求精的做事态度。许多人做事不精益求精，只求差不多。尽管从表现上看来，他们也很努力、很敬业，但结果却总是无法令人满意。

有位广告经理曾经犯过这样一个错误，由于完成任务的时间比较紧，在审核广告公司回传的样稿时不仔细，在发布的广告中弄错了一个电话号码——服务部的电话号码被他们打错了一个数。就是这么一个小小的错误，给公司带来了一系列的麻烦和损失——公司的广告被重新修改，并引起客户的很大不满。

我们平时经常说到或听到的一句话是：“我很忙。”是的，在上面的案例中，那位广告经理忙了大半天才把错误的问题料理清楚，使其他工作不得不靠加班来完成。与此同时，还让领导和其他部门的数位同人和他一起忙了半天。如果不是因为一连串偶然的因素使他纠正了这个错误，造成的损失必将进一步扩大。

第一次没做对，也就浪费了做事情的时间。第二次把事情做对了，但从时间上来说，是既不快，也不便宜，而且有的时候，机会没有第二次了。

由此可见，第一次没把事情做对，忙着改错，错中又很容易忙出新的错误，恶性循环的死结越缠越紧。这些错误往往不仅让自己忙，还会放大到让很多人跟着你一起忙，造成巨大的人力和物资损失。

在行为准则的贯彻执行上，“第一次把事情做对”是一个应该引起足够重视的理念。如果这件事情是有意义的，现在又具备了把它做对的条件，为什么不把它做对呢？每个人只有把事情一步一步地做对了，才可能达到第一次就把事情做对的境界。

要想一次就把事情做对，至少应该记住一点：在做事之前，哪怕是一件小事，也要前前后后想清楚了，除了已经想到了要做的事情之外，还有什么事情是相关的？有什么可能的情况出现？对各种可能的情况有什么对策？总之一定要多想！

我们要努力养成“第一次就把事情做对”的工作习惯。

“第一次就把事情做对”，这是一句令人心生感触的话，值得每个人终生铭记！

完美的计划是完美做事的开始

“一着不慎，满盘皆输”，下棋时关键性的一步棋走得不当，整盘棋就输了。做事或决策时对某一个问题处理不当，就会导致全局的失败。这也正是多米诺骨牌效应所揭示的要旨所在。

要避免多米诺骨牌效应，一个重要可靠的方法就是事先做好计划。计划是一切工作的起点，如果没有计划，就如同大厦没有了坚固的根基。尽管说，计划赶不上变化，但有了计划，工作才能有条不紊。

古今中外，凡有所成就的人都有极强的计划观念。一个善于利用计划的人必然善于对事务进行计划，他的工作、学习、运动、娱乐、吃饭、睡觉的时间，都是经过周密安排的。一个做事没有计划的人，必然是一个浪费时间的人。

显然，有效设定目标和制订计划将有助于我们改掉做事无效率的习惯，制订计划则将进一步提高我们做事的成功率。

有个名叫约翰·戈达德的美国人，当他15岁的时候，就把自己一生要做的事情列了一份清单，被称作“生命清单”。在这份排列有序的清单中，他给自己定下所要攻克的127个具体目标，比如，探索尼罗河、攀登喜马拉雅山、读完莎士比亚的著作、写一本书等。在44年后，他以超人的毅力和非凡的勇气，在与命运的艰苦抗争中，终于按计划，一步一步地实现了106个目标，成为一名卓有成就的电影制片人、作家和演说家。

成功学专家的研究结果表明，制订计划将极大地提高目标实现的成功概率：制订计划的人的成功概率是从来不制订计划的人的3.5倍；在成功实现目标的人群中，事先制订计划者高达78%，事先没有制订计划的人仅为22%。

除了制订计划外，坚持计划也是最终成功的一个关键要素。根据调查结果显示，那些坚持计划的人，比那些中途改变计划的人成功概率高出许多，具体来说，前者的成功概率是后者的成功概率的5倍多；坚持计划的人实现目标的成功概率为84%，中途改变计划的人实现目标的成功概率仅为16%。

一般来说，做事无计划可能有多种原因，主要原因是：第一，看不到计划的重要性；第二，做事的目标不明确；第三，进取心不足或者懒惰；第四，没有掌握制订计划的方法。

古人云："凡事预则立，不预则废。"一个周密的计划，可以在现有环境的基础上对未来的工作和发展做出一定的安排和调整，这样才能把事情办好。

美国企业家理查·S.史罗马在《无谬管理》一书中指出："对一件方案，宁可延误其计划之时间，以确保日后执行之成功，切勿在毫无适切的轮廓之前，即草率开始执行，而最终导致错失该方案之目标。”

维克托·米尔克是一家现代化大食品公司的技术总监。他的工作直接或间接地受到公司5000名雇员中3000多人的影响，因此，他总是忙得不可开交。在一次时间管理研讨会上，他谈到了对工作和时间的看法：

“现在我不再加班工作了。我每周工作50~55个小时的日子已经一去不复返，也不用把工作带回家做了。我在较少的时间里做完了更多的工作。按保守的说法，我每天完成与过去同样的任务后还能节余1个小时。我使用的最重要方法是制订每天的工作计划。现在我根据各种事情的重要性安排工作顺序。首先完成第一号事项，然后再去进行第二号事项。过去则不是这样，我那时往往将重要事项延至有空的时候去做。我没有认识到次要的事项竟占用了我的全部时间。现在我把次要事项都放在最后处理，即使这些事情完不成我也不用担忧。我感到非常满意，同时，我能够按时下班而不会心中感到不安。”

计划可以帮助一项工作沿着既定的路线朝向既定的目标。有效合理的计划能帮助我们很好地理解工作的目的及工作要求，使团队能自觉地按照计划去进行更好的协作。计划可以提高生产效率并增强人们的满意度。

中国有句老话：“吃不穷，喝不穷，没有计划就受穷。”设定好自己的目标，有计划有步骤地做事，这样可以提高工作效率，快速实现目标。计划是成功的开始，要想高效地达成目标，就要养成制订计划、按计划做事的好习惯。

第14章

犬獒效应：在困境与竞争中崛起

当年幼的藏犬长出牙齿并能撕咬时，主人就把它们放到一个没有食物和水的封闭环境里，让这些幼犬自相撕咬，最后剩下一只活着的犬，这只犬称为獒。据说十只犬才能产生一只獒。这种现象被称为犬獒效应。犬獒效应告诉我们：竞争是造就强者的学校。只有在困境和竞争的环境中，才能够磨砺出真正的强者;只有成了强者，才能在竞争中杀出重围，立于不败之地。

竞争是重燃斗志、推进成功的催化剂

美国比斯高公司行政主管唐纳·肯杜尔认为，在生意上遇到强劲、精明的竞争对手，是用钱都买不到的“好事”。唐纳·肯杜尔说道：“有很多人苟且偷生，毫无竞争之志，最后终于白头以终。对于这类人，我只感到悲哀。打从做生意以来，我一直很感激生意上的竞争对手。这些人有的比我强，有的比我差，但不论其行与不行，他们虽令我跑得更累，但也跑得更快。脚踏实地地竞争，最足以保障一个企业的生存。”在他看来，竞争乃是重燃斗志、推进成功的真正力量。

在比斯高公司，接班人不论男女，都被要求重新去过竞争性的生活。他们不能只满足于与对手平起平坐，也不能满足于产品质量和生产设备不输他人，而是要超过对手。做不到这一点，这个接班人就是不合格的。在比斯高公司的公司文化中，竞争是最核心的内容。他们有一个信条：超过对手乃是此生中获得成功、幸福的唯一途径。正是在这种文化的熏陶下，比斯高公司的员工受到了更多的竞争力的训练，生产线也不断扩大，成了同类企业中的佼佼者。

自1999年成立的内蒙古“蒙牛乳业”，是中国最近几年连续增长颇快的民营企业之一，销售额已由1999年的4000多万元增长到如今的600多亿元，“牛气”十足。而蒙牛创建初期，伊利已经成为同城的乳业巨头。即便如此，蒙牛还是选择了向伊利挑战，勇敢地与伊利展开了竞争。在一片“向伊利学习”的口号声中，蒙牛以低姿态的行为方式进入，没有被伊利当作“敌人”。经过几年的励精图治，终于，蒙牛发展成了可以与伊利抗衡的乳业大户。正是与伊利的竞争，才造就了今天蒙牛的牛气冲天。

市场经济是天然的竞争经济。在市场经济条件下，竞争才有高效率，竞争才能出效益。没有竞争就死水一潭，事业就缺乏生机与活力。这已经为无数企业发展的过程所证明。为保证自己能在激烈的竞争中生存下来，许多企业都在企业内营造着内部竞争的机制，以保证员工队伍随时都是最精干的。

美国通用电气公司的前身是爱迪生公司，至今已逾120年。这个长寿企业的经营秘诀中最重要的一条是对子公司首席执行官实行卓越管理者制度。前总裁韦尔奇公开宣称，凡不能在市场维持前两名的企业，都会面临被拍卖或裁撤的命运。随着企业的拍卖或裁撤，原来的企业经营者就被解除了职务。

面对市场日益激烈的竞争，企业安于现状是没有出路的，只有增强竞争意识，主动迎接挑战，才是企业生存发展之道。特别是我国加入WTO后，一些垄断行业独家经营的局面逐步被打破，产品品种竞争、质量竞争、服务竞争、价格竞争无处不在。赢得消费者则获得生存，失去消费者则被淘汰。企业为了生存发展，必须深化改革，建立竞争激励机制，从而提高生产经营的效率，获得好效益。

临危更要不惧，逃避只能更糟

有一块大石头挡住了道路。一个农夫在此地经过，马车上载满了谷物。当农夫看到这块石头时，自言自语道："是谁这么粗心大意呢？为什么这些懒人不把这块石头移走？"他一边说着一边把马车转向，绕过石头。

过了一会儿，一位年轻的勇士唱着歌走近了，他心中可能还在想着他在战场上的英勇，而并未看到石头，直到石头差点把他绊倒。战士气愤地举起剑，也同样指责着路人的懒惰，跨过石头走远了。以后的许多人都从这条路上经过，但他们依然没有移开这块石头，虽然有几次人们都被石头绊倒了。

一天晚上，一个贫穷的青年从这里经过，那天早上天一亮他就去地里干活儿了，晚上回家时非常疲惫，当他看到路上放着一块石头时，他自言自语地说："这么黑的天，如果有人经过这里会被石头绊倒的，我要把它挪开。"石头很大，搬起来非常困难，年轻人费了好长时间才把它移开，石头移开之后，下面竟然有一个盒子，上面写着一句话："送给那个搬开石头的人。"年轻人打开盒子，里面居然都是黄金。

面对危机时，不正视现实，不主动出击，一味采取回避的态度，最终只会给自己造成重大损失。只有迅速采取行动，果断承担责任，才会把损失降到最小。人们经常会遇到障碍与重担，如果选择绕过，可能会因此失去成功的机会，逃避的代价注定会是失望。

这个故事同时也告诫企业管理者，只有以积极的心态，不断进取的态度去正视现实，才能在面对困难时从容应对。

迎难而上，才能迎难而解

鸵鸟和雄鹰是自然界中的两个家族，因素来不和，所以虽然是邻居也不往来，可是，有一天，鸽子给它们捎来口信说它们的领地将有敌来犯，让它们两个家族都提前做好准备，但是，敌人是谁，鸽子并没告诉它们。

接到消息后，两个家族的成员都忙碌起来，坚固城堡、准备粮食。可是，没过几天，鸽子又给它们带来口信说它们的敌人要和它们在森林前的沙漠地带展开决战。

接到挑战后，雄鹰家族的成员个个摩拳擦掌，一副要与敌人决斗个你死我活的样子。鸵鸟家族的成员们在老冤家的面前，也不甘示弱。决战的时候到了，两大家族列队站在同一侧等着敌人的到来，时间不长，只见迎面不知是什么生物，黑压压的一片，向它们扑来。

鹰族的成员们主动出击，直扑向敌人。而鸵鸟们却把头埋在了沙子里。不知过了多久，鹰族凯旋的时候，见鸵鸟们的头还在沙子里埋着，有一只大鹰大声说："敌人已经被我们击退，你们还不把头抬起来。"

听了这话，鸵鸟们把头从沙子里抬了起来，纷纷说："好险啊！多亏我们把头埋了起来，否则岂不是要大祸临头！"鹰族听到这样的话就更瞧不起鸵鸟了。后来，鸵鸟又遇到了劲敌，仍然采取同样的办法，这一次可没有那么幸运了。没有了鹰族的帮助，把头埋在沙子里的鸵鸟大败而归。

"鸵鸟心态"是一种逃避现实的心理，也是一种不敢面对问题的懦弱行为。有鸵鸟心态的人，不敢面对现实，不敢担当责任，平常大言不惭，遇到事情来临就畏缩不前了。

处于剧烈变革的商业时代，竞争的程度已远远超出了以前，风险和危机就像达摩克利斯之剑，不知什么时候就会降临到我们身上。现代人面对压力大多会采取回避态度，明知问题即将发生也不去想对策，结果只会使问题更趋复杂、更难处理。作为企业管理者，应当以正确的心态面对风险和挑战，困难面前要知难而上，这样才能在危机中开拓出一条生路，为企业赢得良好的发展机遇。

危机降临，主动出击是最好的防御

在竞争日益激烈的环境下，谁掌握着控制权，谁就掌握了未来的主动。所以，当危机（或风险）降临时，无论是企业，还是个人，都必须做出迅速的反应来挽回损失。一般而言，“主动出击是最好的防御”，在一般情况下，这个原则总是适用的。

百事可乐与可口可乐几度争抢碳酸饮料市场霸主地位。但在激烈竞争的过程中，一次突发事件险些使百事可乐陷入被挤出市场的危机，这就是“针头事件”。

威廉斯太太从超级市场给孩子买了两听百事可乐，可是喝完以后，无意中将罐筒倒扣于桌上，竟然从里面掉出了一枚针头。威廉斯太太立即将此事告知了媒体，形势对百事可乐极为不利。百事可乐公司一得到“针头事件”的消息，立即采取了措施，一方面通过新闻界向威廉斯太太道歉，并给予威廉斯太太一笔钱以示安慰和补偿，公司还通过媒介向广大消费者宣布：谁若在百事可乐中再发现类似问题，必有重奖。另一方面，公司在生产线上加大了质检力度，还邀请威廉斯太太参观。

此举不但消除了“针头事件”的不良影响，赢得了威廉斯太太的赞扬和信任，还在消费者中树立了诚实和勇于正视自身错误的良好形象。喝可乐竟然喝出了针头！这几乎是不可能的，也是百事可乐从未遇到的。这对于百事可乐公司来说无疑是一次突如其来的打击和考验，因为这一事件如果处理不好会直接影响到公司的信誉、市场占有率和竞争力。

纵观百事可乐公司处理“针头事件”的全过程，我们不得不叹服该公司决策者的理智和临危不惧的心理素质：在突发危机面前，他们不但及时、迅速、果断地推出了一系列可行措施，还采取手段使不利事件向有利于自己的一面转化，既缓解了矛盾，打消了消费者的顾虑，还刺激了消费者的好奇心。

百事可乐可算是因祸得福，不仅没有使销量下降，反而使购买百事可乐的消费者倍增。

可见，在企业和个人发展上，变“危”为“机”，化害为利都是一种不可或缺的能力，只有具备了这种能力才不至于将自己置于被动和危险之中。危机来临时，你必须冒险做些未曾尝试过的事，以期奇迹出现。

强化竞争意识，提升自身竞争力

随着改革步伐不断加快，激励机制不断完善，企业用户需求多元化，对企业员工的素质提出了更高的要求。作为企业员工可以从以下几方面提升自身竞争力：

1. 动态的学习

在科技日新月异、知识爆炸、“物竞天择，适者生存”的今天，再高的学历，不继续加强学习，不在实践中积累经验，学识都只是停留在原来的基础上。“工欲善其事，必先利其器”，只有加强政治理论、业务知识，随时随地根据业务变化学习，及时掌握新的业务知识，提高专业技能，不断地提高自己的综合素质，才能增强适应市场竞争力的应变能力。

2. 提高工作效率

在目标—执行—结果这一基本流程中，目标的制定是决策高层战略上的部署，而在具体实施中，则是全体员工在自己的岗位上为企业目标奋发努力、认真执行的过程。作为企业，必须以发展为要务，以效益为核心，一切工作要紧紧围绕要务和核心来抓。企业员工执行领导决策中体现出的态度、能力、速度、理念、品质、应变等因素的优劣，都将成为企业发展命运真正的决定性力量。

这就需要每位员工切实按照各项规章制度办理业务，在业务操作过程中避免各类风险，提高企业的经营效益，对上级提出的经营战略及时实施。在企业，一个工作效率高、执行力强的员工是很能赢得领导及同事的信任的。这也是一名员工的综合素质的最好体现。最大限度地发挥自己的潜能，为企业带来效益、成果，就是最具竞争力的员工。

3. 个人目标与企业规划一致

个人能力得到很好的发挥，能得到单位的认可，也是实现个人价值、工作胜任力强的体现，必定会使自己增强信心和成就感，形成良性的自我激励。所以在了解企业长远规划目标的同时，及时确定自己的人生目标，拟定好个人职业规划，全力付诸行动，在企业发展的同时，自己也能同步成长。

4. 树立正确的工作态度

一个人的态度直接决定了他的行为，决定了他对待工作是尽心尽力还是敷衍了事，是安于现状还是积极进取。只有以积极的工作态度面对工作，才能使自己每天工作愉悦、充实。以一名积极地面对平凡工作的员工为例，当他以愉快的心情迎接一项工作时，给用户、领导、同事留下良好的印象，在推销企业产品时，让用户容易接受，通过用户给其他用户介绍，在更多的用户心中留下良好的企业形象，从而扩大市场领域，增强了企业的竞争力。同时要做到爱岗敬业，敬重自己所从事的事业，专心致力于事业，千方百计将事情办好。员工是不是具有爱岗敬业的精神，是用人单位挑选人才的一项非常重要的标准。无论在哪一个岗位上，都能够积极主动地接受任务，兢兢业业、任劳任怨地发挥自己的智慧和才干，做到干一行，干好一行。只有敬业才能精业，精业才能成为单位不可缺的优秀人才。

5. 和谐的人际关系和团队意识

在工作中，每一个企业都类似于一个家庭，其中的每一位成员都仅仅是其中的一分子，每个人单独可以做好的事情很少，但如果几个人组成一个团队，就可实现协同合作，从而使整个组织的战斗力得以提高。一名员工只有与他人和谐相处得到他人、团体的配合、支持，才能最大限度地激发个人的创造力和获得强大的动力，才能取得个人最大的成功。从而每个人的价值也会因为团队合作而变得更大，更加引人注目。

6. 具有创新意识

创新是解决工作困境，解决前进困难的最有力的武器。如果面对工作中的同一难题，如一名员工具有创新意识，能提出解决方法和合理化的建议，这样的员工一定能受到领导的青睐。合理化建议，是企业革新挖潜、降低成本、提高效率、增加经济效益的重要途径。作为企业员工，要不断地从学习中汲取新思想，在工作中要有主动求变、主动创新、主动进取的意识和能力，不断地提升自己的思考能力，才能够在工作中脱颖而出。解决问题的实质不在于想不想做，而在于解决问题的过程。如何解决问题是创新意识的展现，是展示自我才干的过程，也是锻炼提高的过程。只有这样，才能实现效率和工作业绩上质的飞跃。

临危不惧、处变不惊，率领员工共渡难关

在危机面前，管理者应当担负起自己应有的职责，做到处变不惊、镇定自若。这就要求管理者必须做到：在别人安逸的

情况下自己反而要寝食不安，准备应付随时可能到来的危险；在纷繁复杂、茫无头绪的境地中要冷静稳重，应付裕如；在面临生死存亡的重大危机时毫不惊慌，勇敢坚毅，果断决策，带领大家走出困境。

管理者是否意识不到纷乱、危险呢？不是。管理者心中没有喜怒哀乐吗？也不是。这是一种逐渐培养、慢慢形成的心理素质，这种素质的背后是顽强的意志和自制力。取得了很大胜利，该高兴了，但领导必须检讨缺点，预测危机，不能过分欣喜，这是一种责任，是一种眼光。重大的危机到来了，形势极为严峻，这时候举措失当，也是人之常情，但管理者却必须做到信心百倍、面不改色，好像对最终成功有绝对的把握，这是一种表演，一种必需的表演，是一种顽强的自制，更是一种使命感、责任感。

任务愈艰巨，情况愈复杂，危机愈严重，公司领导就愈要以满腔的热情、高度的自信、顽强的品质、坚定的力量去投入工作。人们需要激励，需要督促，需要精神上的支柱，在困难和危险面前尤其如此。公司领导要为自己的下属提供他们需要的帮助，没有这种帮助，他们精神上会垮掉，会失掉胜利的信心。只有公司领导心理上的必胜信念，才能稳住员工们的情绪，调动他们的情绪，以获得实际上的真正的胜利。临危不惧、处变不惊，这种心理素质的巨大力量是难以估量的。

一般的人是在追求生活本身，而真正成功的领导，都有自己高于生活的地方，这种品格有的并非与生俱来，而是后天磨炼的结果。对于管理者来说，勇敢坚毅、沉着冷静，有时可以产生意想不到的结果。一个濒临破产的公司军心动摇，士气低落，解脱困境的主要措施是更换一位心理素质极佳的公司领导。只要新任领导以自己的坚定意志和满怀信心的举动征服了公司员工的心，那么，人们就能感到一种新的力量和信心。此时领导不失时机地推出一系列改进措施，公司重新走向繁荣是有希望的。

第15章

温水煮青蛙效应：居安思危，危机变契机

19世纪末，美国康奈尔大学进行了一个有趣的实验：他们将一只青蛙扔进一个沸腾的大锅里，青蛙一接触到沸水，便立即触电般地跳到锅外，死里逃生。实验者又把这只青蛙丢进一个装满凉水的大锅，任其自由游动，然后用小火慢慢加热。随着温度慢慢升高，青蛙并没有跳出锅去，而是被活活煮死。

实际上，这只青蛙，是死于缺乏危机意识的麻木之中。这就是温水煮青蛙效应的由来。这一效应旨在提示人们要懂得居安思危。

将危机扼杀在萌芽阶段

实验中的青蛙第一次之所以能逃离险境，是因为它受到了沸水的剧烈刺激，于是便使出全部的力量跳了出来。第二次虽然可以感觉到外界温度的变化，却因惰性而没有立即往外跳，直到后来热度难忍而失去逃生能力被煮熟。这只青蛙失去了警惕，没有了危机意识，然而当它感觉到危机时，已经没有能力从水里逃出来了。

青蛙法则说明了培养危机意识的重要性。在生活中，与此类似的故事还不在少数。

有一个故事是这样的：把一只小老虎与几只小猫混在一起，主人很难辨别出来，仍然像往日一样喂食给它们。随着时间的推移，小老虎逐渐长大，具有了老虎的样貌特征。但主人已经习惯将虎当猫喂养，却没有意识到潜在的危险。有一天，老虎露出了它的野性，吃掉了小猫，还对主人发起了攻击，这时主人才发现，原来是只老虎，却悔之晚矣。

古代神医扁鹊的故事人人皆知。扁鹊给病人看病，当疾病尚表现在皮肤气色上时，他就已经观察出，但病人以为只是小病，故不就医；过了几天，疾病已进入到病人的肌骨，扁鹊劝说医治，可病人仍旧不听。直到疾病已进入腑脏，病人已行将就木了，才慌忙召唤扁鹊，可已经来不及了。

“讳疾忌医”的故事恰好说明了这样一个问题：并不是危机发生后再启动应急措施，而是要善于发现问题，提前将危机扼杀在萌芽阶段，防患于未然。

可见，青蛙法则告诉我们，在人生旅途中，逆境催人警醒，激人奋进，而安逸优越的环境却消磨人的意志，使人耽于安乐，尽享舒适，常常一事无成。而懂得“生于忧患，死于安乐”的道理的人，往往能发现隐藏在社会发展和变化中的一切机会，在变化中树立竞争和危机意识，迎接新生活中不确定因素的挑战。

时刻保持警觉，化危机为契机

“蛙未死于沸水而灭顶于温水”的结局，很是耐人寻味。若是锅中之蛙能时刻保持警觉，在水温刚热之时迅速跃出，也为时不晚，就不至于导致被煮死的结局。这正应了孟子曾说过的一句话：“生于忧患而死于安乐也。”

一个人如果丧失了忧患意识，那么就会像被水煮的青蛙一样，在麻木中“死亡”。所以，在漫漫人生旅途中，我们要保持清醒的头脑和敏锐的感知，对新变化做出快速的反应。不要贪图享受，安于现状，否则当你感觉到环境已经使自己不得不有所行动的时候，你也许会发现，自己早已错过了行动的最佳时机，等待你的只是悲哀、遗憾和无法估计的损失。

我们都希望自己能一帆风顺，不希望遇到忧患与危机。但客观上讲，忧患与危机并不是什么可怕的魔鬼，当它们出现在我们面前时，往往能激发潜伏在我们生命深处的种种能力，并促使我们以非凡的意志做成平时不能做的大事。所以，与其在平庸中浑浑噩噩地生活，不如勇敢地承受外界的压力，过一种更有创造力的生活。

拿破仑在谈到他手下的大将马塞纳时曾说：“平时，他的真面目是不会显现出来的，可当他在战场上看到遍地的伤兵和尸体时，那种潜伏在他体内的‘狮性’就会在瞬间爆发，他打起仗来就会勇敢得像恶魔一样。”

再如拿破仑本人，如果年轻时没有经历过窘迫而绝望的生活，也就不可能造就他多谋刚毅的性格，他也就不会成为至今为人们所景仰的英雄人物。贫穷低微的出身、艰难困顿的生活、失望悲惨的境调，不仅造就了拿破仑，还造就了历史上的许多伟人。例如，林肯若出生在一个富人家的庄园里，顺理成章地接受了大学教育，他也许永远不会成为美国总统，也永远不会成为历史上的伟人。正是有了那种与困境做斗争的经历，使他们的潜能得以完全爆发，从而发现自己的真正力量。那些生活在安逸舒适中的人，他们往往不需要付出太多努力，也不需要个人奋斗就能达到目的，所以潜伏在他们身上的能量就会被遗忘、被湮没。

当今世界上，有许多人都把自己的成功归功于某种障碍或缺陷带来的困境。如果没有障碍或缺陷的刺激，也许他们只能挖掘出自己20%的才能，正因为有了这种强烈的刺激，他们另外80%的才能才能够得以发挥。

所以，身处今天不断变幻、迷雾重重的危机丛林，我们要懂得居安思危。要知道，危机并不代表灭亡，而恰恰可能是一种契机。我们要开动脑筋，寻找一切可行的方法和途径，将危机化为契机，迈向成功的坦途。经由与危机的搏斗，你就会发现自己真正的价值所在，激发出深藏于心的巨大力量，从而使人生更加精彩。

忧患常存，在自危意识中前进

我们都知道，未来是不可预测的，人也不可能天天走好运。正因为这样，我们更要有危机意识，在心理上及实际行为上有所准备，以应付突如其来的变化。有了这种意识，或许不能让问题消弭，却可把损害降低，为自己打开生路。

常言道，一个国家如果没有危机意识，迟早会出问题；一个企业如果没有危机意识，迟早会垮掉；一个人如果没有危机意识，也肯定无法取得新的进步。

那么，我们具体该如何在当今竞争激烈的社会中提升自己的危机意识呢？下面，来看看波音公司的一个有趣做法。

波音公司以飞机制造闻名于世。为了提升员工的忧患意识，一次，公司别出心裁地摄制了一部模拟倒闭的电视片让员工观看：

在一个天空灰暗的日子，公司高高挂着“厂房出售”的招牌，扩音器传来“今天是波音公司时代的终结，波音公司关闭了最后一个车间”的通知，全体员工们一个个垂头丧气地离开工厂……

这个电视片使员工受到了巨大震撼，强烈的危机感使员工们意识到：只有全身心投入生产和革新中，公司才能生存，否则今天的模拟倒闭将成为明天无法避免的事实。

看完模拟电视片，员工们都以主人翁的姿态，努力工作，不断创新，使波音公司始终保持着强大的发展后劲。

事实上，波音公司的这种做法不仅对企业有深刻启示，对于行走职场的个人来说，同样具有一定的借鉴作用。

现实生活中，我们也应该像波音公司的员工那样，时刻提醒自己：只有全身心投入生产和革新中，公司才能生存，我们才有机会发展，否则今天意识中的倒闭将成为明天无法避免的事实。

当今社会的快节奏和激烈的竞争，令很多人在35岁时遇到这样一个困惑：为什么多年来我一事无成？接下来的岁月我应该做些什么？在机会面前，许多人不敢贸然决定。因为他们从心理上理解了人生的有限，而自己也开始重新衡量事业和家庭生活的价值，于是产生了职业生涯危机。这就是著名的“35岁危机论”。

罗伯特先生，35岁，自言感觉过去对工作、对自己的认识似乎有错误，而自己长期养成的行为习惯好像变成了事业的绊脚石。想改变自己，又不忍心否定过去；想改变生活方式，又担心选择的并不是最适合自己的。两年前，他终于下定决心放弃了某公司副经理的职位，参加MBA考试并重回校园深造。

现在，完成学业的罗伯特先生在找工作时却犯了难。罗伯特先生已投出上百份简历，但有回音者寥寥无几。罗伯特先生说，自己并不要求高起点的薪金，而只要求一个管理类的工作职位。然而他发现，“社会上已经人满为患”。

罗伯特先生曾读过一篇题目为《35岁，你还会换工作吗》的文章，文中专家说：“社会对35岁以上的求职者提出了较高的要求，必须通过不断学习和更新知识，提高自身竞争力。”对此罗伯特先生很纳闷儿：我正是为了完善自己才去学习，为什么反而让社会把自己挤了出去呢？

其实，像罗伯特先生这种工作以后又重返课堂充电，充电后找工作重新迎接社会挑战的情形，已不仅仅是35岁的人才会面临的境况。有人甚至感叹：“不充电是等死，怎么充了电变成找死啦？”

最关键的一点是：我们要明白，人生的经历是积累的，不要以为学习充电后就无须面临社会“物竞天择，适者生存”的自然选择。以前的经历是你的宝贵财富，但这并不能让你在职场上永操胜券。

何止是职场，放眼整个人生，没有危机感就是最大的危机。我们千万不要有一劳永逸的期待，要时刻保持危机意识，告诉自己：一定要快跑，不够优秀在什么时候都会被淘汰。

未雨绸缪，将危机的风险降到最低

危机，词典诠释为“一件事的转机与恶化的分水岭”，又可阐释为“生死存亡的关头”和“关键的刹那”，可能好转，可能恶化。由此可知，“危机”是在一段不稳定的时间，与不安定的状况下，急迫需要做出决定性而有效的措施。所以，危机处理往往存在于一念之间。达尔文说：“适者生存，不适者灭亡。”用危机处理的角度思考“适者”是指能够面对危机、解决危机，最后能够继续生存下来的主体；“不适者”正是那些无法适应危机挑战而被淘汰的主体。

一只母鸡发现自己所孵化的蛋里，有一只蛋的外观与其他蛋有明显不同。母鸡心想：可能是天生的吧。过了几天，它的孩子们开始破壳而出。那只外观不同的蛋钻出的小动物和其他孩子长相悬殊。但母鸡心想：可能它比较难看吧。一天天过去，孩子们慢慢长大了，而那只与众不同的蛋也显出了本来面目：那是一只老鹰。但是已经来不及了。母鸡和它的孩子们都被母鸡自己孵出的鹰吃掉了。

一头敏捷的鹿不幸被猎人发现，虽然逃脱了追杀的噩运，但却被箭射瞎了一只眼睛。一天，它小心翼翼地来到海边，一边低头吃草，一边用那只完好的眼睛密切注视着陆地，防备猎人的攻击，而用瞎了的那只眼对着大海，它认为海那边不会发生什么危险。不料有人乘船从海上经过这里，看见了这头鹿，一箭就把它射倒了。它将要咽气的时候，自言自语地说："我真是不幸，我防范着陆地那边，而我所信赖的海这边却给我带来了灾难。"

以上两个小例子清楚地告诉我们，不要对潜在的危机视而不见，更不要纵容危机！

在这个竞争残酷的时代，一切都是瞬息万变的，任何人、任何企业都不能保证自己在任何时候都立于不败之地，居安思危、未雨绸缪才是高明之举。

未雨绸缪是人们常挂在嘴边的一句话，但真正能做到的却不多。人类天生有一种惰性，不到迫不得已就不会去改变现行的各种还过得去的做法，当这种做法还能够让人得到很大的满足时尤其如此。但是，如果一个管理者、一个部门、一个单位失去了必要的刺激，处在一种安逸的工作氛围中而不自觉，那么，就会失去工作活力。等危机真正到来时，就来不及了。青蛙法则告诉我们的，也正是如此。

在市场经济中，每一个企业在生产经营管理过程中都面临着多种危机。无论危机是来自企业内部的或来自企业外部的，无论是何种危机的发生，都可能给企业带来致命的打击。近年来中国的巨能钙、创维集团、中国航油等和外国的宝洁公司、肯德基、麦当劳、立顿等企业都不同程度地遭受到危机的重创，预示着企业“危机多发期”在中国的提前到来。

因此，对于每一个企业来说，对于企业的每一位领导来说，都不能掉以轻心，必须居安思危、未雨绸缪、加以防范，加强危机管理，预防企业潜在的危机。因为，预防和避免潜在危机的发生是企业危机管理成本最低、风险最小的办法，也是企业最明智的选择。

居安思危，居危思进，变危机为良机

危机是大多数企业管理者所不愿意见到的，但是任何一个企业都不可能一直处在太平盛世，一旦危机来临，管理者要善于居危思进，变危机为良机。

所谓“居危”，就是要看到市场竞争的激烈性和残酷性，进一步增强紧迫感和危机感，要识危机、知危机；所谓“思进”，就是要主动出击，想方设法变危机为良机，变危机为商机。

具体来讲，一是要有与时俱进的意识。要牢固树立与时俱进的营销观、发展观、管理观、改革观，创新思维，创新管理，创新技术工艺，创新工作方法，调整工作重点，开创新的局面。二是要有知难而进的勇气。企业上下一定要发扬敢于吃苦、敢于拼搏和敢于胜利的精神，做好应对和克服各种困难的思想准备，做到越是困难越向前，“明知山有虎，偏向虎山行”，以积极的主人翁姿态主动为企业分忧解难，献计献策，把蕴藏的智慧和创造力在生产经营中充分发挥出来。三是要有居危思进的运筹。当前企业面临生存的危机，何去何从，主动权应该操持在企业自己手中，最主要的是如何面对挑战，变压力为动力，化危机为生机。四是要有携手前进的精神。越是困难的时候，越要讲团结，讲协作，只要同心同德、众志成城，就没有迈不过的坎儿，闯不过的关。

“思进”重在变危机为良机，变危机为商机。企业要善于应对危机，变不利为有利。一是要善于化解危机。任何企业都可能受到不确定危机的影响，企业要在危机发生时将消费者的利益放在第一位，积极维护消费者的利益，才能把损失减少到最小。二是要想尽办法减少市场损失。企业产品出现危机，市场会受到一定冲击，企业此时要想方设法减少产品市场的流失。三是要借此促进企业产品更新换代。产品出现危机或受禁令限制，说明产品还存在较大的不足，为此，企业要在注重改善产品不足的同时，促进产品更新换代。四是要善于发现和抓住产品危机中的商机。一些产品出现市场危机，其实也为其他产品提供市场机会。所以，企业要善于发现和抓住这样的危机商机。

总之，企业面对危机要永远积极主动，当环境变得不利时，保持信心、把危机作为学习的机会，就会从中吸取教训，把坏事变成好事，变危机为良机。